UM CÉU PARA MEU FILHO

UM CÉU PARA MEU FILHO

ADEILSON SALLES

PELO ESPÍRITO
Bezerra de Menezes

SUMÁRIO

MINHAS PALAVRAS NA PRODUÇÃO MEDIÚNICA

A produção deste livro, *Um Céu para Meu Filho*, não começou com certezas, mas com dúvidas sinceras e um coração em busca de discernimento.

Quando os primeiros contos começaram a surgir em minha mente e as emoções fluíram com intensidade espiritual inusitada, senti que algo maior estava acontecendo, mas resisti à ideia de que fosse o espírito Bezerra de Menezes quem estivesse conduzindo esse trabalho. Achei pretensioso. Perguntei-me repetidas vezes: “Por que comigo? Por que agora?” Conhecendo a grandeza moral desse espírito que tanto fez pela medicina e pela caridade, não conseguia conceber que ele escolheria minha humilde sensibilidade como instrumento.

Meditativo, passei noites em silêncio e oração, tentando compreender de onde vinham as imagens que se formavam em sonhos e os sentimentos que me tomavam durante a escrita, uma dor que não era minha, uma esperança que vinha de fora, uma inspiração que me ultrapassava.

Foi então que, em meio a uma dessas noites, tive um sonho, uma vivência espiritual, que fez calar as dúvidas e abrir o coração. A voz era doce, firme e envolvente, e ecoava as palavras de Jesus a Nicodemos: *O Espírito sopra onde quer; ouves a sua voz, mas não sabes de onde vem, nem para onde vai*. (João 3:8).

E então ele completou: *Creia, sou eu, Bezerra, um vento que sopra nos corações de boa vontade, e não nos corações perfeitos.*

Naquele instante, chorei. Não de tristeza, mas por alívio. Compreendi que a obra não dependia de méritos pessoais, mas de entrega sincera e disposição para servir. Entendi que os grandes espíritos não buscam instrumentos perfeitos, mas corações que se coloquem com humildade e coragem à disposição da vontade divina.

A partir daí, cada conto veio como sopro de consolo. Algumas histórias nasceram de imagens vívidas durante o sono: mães ajoelhadas em oração, filhos sorrindo em paisagens de luz, encontros espirituais que atravessavam o tempo e a morte. Outras surgiram em estado de inspiração profunda, como se eu estivesse sintonizado com as dores das mães enlutadas e com a esperança que o Mundo Espiritual semeia em seus corações.

Bezerra não ditou palavra por palavra, ele semeou sentimentos, impressões, ideias. No entanto, quando necessário, suas palavras vinham claras como o sol após a tempestade, sempre com a brandura de quem entende a alma humana. Em muitos momentos, senti como se ele segurasse minha mão invisivelmente, amparando não apenas o escritor, mas o homem que também precisa de fé e consolo.

Escrevo, portanto, como testemunha de algo maior do que posso compreender. Este livro é fruto de um trabalho em parceria com o Alto. Eu apenas coloquei no papel as histórias que me foram confiadas em espírito.

A cada mãe que sofre em silêncio, a cada pai que ora em desespero, a cada família que ama além da morte, esta obra é um abraço. E a cada filho que partiu, ofereço estas páginas como sinal de que nenhum amor verdadeiro se perde no universo.

No amor de Deus, cada um dos seus filhos tem um céu segundo a justiça divina, plena de compaixão, misericórdia e amor.

Com gratidão e reverência,
Adeilson Salles

PRIMEIRAS PALAVRAS...

Filhos do meu coração,

Que a paz de nosso Senhor Jesus Cristo envolva os lares e os corações que, nesta hora, buscam um consolo que os olhos do mundo não sabem oferecer.

Escrevo estas páginas sob a inspiração do amor divino, com os olhos marejados de compaixão pelos que ficaram à beira do caminho, julgando-se órfãos do céu, esquecidos de Deus ou indignos do Seu carinho paterno. Ninguém está fora do alcance do amor do Pai. Ninguém.

O céu não é morada de santos perfeitos, mas abrigo dos que, embora feridos, se deixaram tocar pela esperança. E se há dor que clama do mais profundo do espírito humano, é a dor de uma mãe que vê seu filho partir pelos caminhos do sofrimento, do desespero, da incompreensão, ou da violência que assola o mundo.

Quantas mães, ao sepultarem os corpos dos seus filhos, sentem como se tivessem sido expulsas do próprio peito, como se uma parte de si tivesse sido arrancada com brutalidade?

O mundo, por vezes cruel em seus julgamentos, diz a essas mulheres que seus filhos estão perdidos, condenados, ou esquecidos, mas eu lhes digo com a autoridade do amor que consola e da fé que vê além da matéria: nenhum filho de Deus está perdido.

A maternidade é a mais próxima expressão do amor divino sobre a Terra. O colo de uma mãe é o céu que se fez carne. É no embalo de seus braços que a criança aprende a amar, a confiar, a existir.

E quando esse colo se torna vazio, quando os olhos buscam em vão a presença física daquele que partiu, é natural que o desespero se aproxime. Mas não se deixem vencer por ele.

Estas páginas não são apenas palavras. São pontes entre mundos. Vozes que se erguem do silêncio do além para dizer às mães, e também aos pais, irmãos, avós e corações feridos, que a morte não tem a última palavra. Que o amor, este sim, é eterno.

Escrevo, amados, para revelar histórias reais de filhos que partiram em circunstâncias difíceis, ceifados pela violência, pelo vício, pela desesperança, por escolhas precipitadas ou por enganos da alma.

Muitos foram rotulados por religiões e por vozes humanas como "perdidos", "sem salvação". Mas o olhar de Deus é outro. O d'Ele é o olhar do Pai que ama, compreende e acolhe. O Pai que nunca se cansa de esperar.

Este trabalho é uma resposta do Céu à prece silenciosa de muitas mães. Ele é o consolo que se faz palavra. É o abraço que se estende da Espiritualidade amiga aos lares onde ainda ecoa a pergunta: "Onde está meu filho agora?"

E eu lhes respondo: está nos braços da Vida. Está sob a tutela do Amor. Está sendo cuidado, assistido e, muitas vezes, em missão, buscando se redimir e crescer.

Se você, mãe querida, tem chorado em silêncio, tem se perguntado se seu menino ou sua menina teve ou não perdão, esta obra é para você. Não para dar respostas prontas, mas para colocar bálsamo onde houver ferida, luz onde ainda há escuridão, e esperança onde o desespero plantou raízes.

Não esqueça: para um filho, o colo de sua mãe é o céu na Terra. E para Deus, cada mãe que chora é também filha amada que merece consolo.

Com o amor de sempre, sigo a serviço de Jesus, e ao lado dos que choram, com a fé de que todo pranto será um dia transformado em luz.

Do servidor de sempre,
Bezerra de Menezes

1
A VOZ DA PRECE

No Mundo Espiritual, há setores de sublime delicadeza que poucos imaginam existir. Entre eles, um posto de luz tênue e constante, o Posto de Registro das Rogativas se mantém em perpétua atividade, acolhendo as preces que ascendem da Terra como fios luminosos em direção ao Alto.

Ali, cada pensamento sincero, cada clamor do coração, é acolhido com respeito e carinho. As palavras têm menos valor do que a vibração que as impulsiona. A prece de um avarento, mesmo rica em versículos decorados, brilha menos do que o gemido silencioso de um coração ferido. E foi exatamente esse tipo de súplica que, naquela manhã, abalou os painéis do Posto com uma força inesperada.

Era uma oração de mãe. Simples. Direta. Despida de floreios, mas ardente. Carregada de fé crua, dor rasgada e amor que desafiava o tempo e a lógica.

No painel de vibrações elevadas, o responsável pelo setor – um espírito vigilante e sereno chamado irmão Jonas – percebeu a alteração nas ondas que fluíam do plano físico. Com os olhos abertos em compaixão, tocou a superfície vibratória onde se projetava a origem daquele pedido.

— Há uma súplica que precisa ser apreciada. Não pela urgência dos fatos, mas pela profundidade do amor que a sustenta – murmurou ele aos trabalhadores espirituais ao redor.

Outros servidores se aproximaram. No campo energético projetado diante deles, viram uma mulher ajoelhada no fundo de uma igreja modesta, de bairro simples. Seus ombros curvados revelavam mais do que o cansaço físico, denunciavam uma alma esmagada pela saudade. As mãos apertavam com força um terço gasto. A boca murmurava palavras entrecortadas de soluços. Mas o que mais comovia não era o choro: era a entrega.

— Mãe Maria... Me ouve... Me ajuda, por favor... Diz para mim que a senhora achou meu filho. Diz para mim que ele não está no inferno... Diz que Deus ainda o ama... Há um céu para meu filho?

Era a repetição desse apelo que movimentava as esferas superiores. Jonas ativou um sinal de urgência espiritual. Em minutos, os servidores responsáveis pelas rogativas de alta frequência encaminharam o registro à direção maior.

E assim, nas câmaras de trabalho da colônia espiritual onde se encontrava o abnegado servidor de Maria de Nazaré, o venerando espírito Bezerra de Menezes, um aviso silencioso brilhou entre as vibrações de amor que ele irradiava.

Bezerra, que acolhia dezenas de irmãos em atendimento magnético, interrompeu-se por um breve instante. Seu olhar, já tão acostumado à dor humana, enterneceu-se ainda mais ao sentir a força daquela rogativa.

— Preparemo-nos para ir ao encontro desse coração. Essa mãe está orando com o espírito banhado em fé profunda e pura. Vamos até ela – disse com brandura.

O grupo que o acompanhou era composto por espíritos dedicados a socorrer mães desesperadas, viúvas esquecidas, órfãos da fé. Ao se aproximarem da crosta terrestre, sentiram a densidade do ambiente humano, as vozes do mundo, as dúvidas da religião, os preconceitos sociais, tudo ainda tão confuso e ruidoso.

Chegaram à igreja humilde. A cena era singela e poderosa: a mulher estava de joelhos, em uma das últimas fileiras, como quem evita o olhar dos outros. Ao redor, poucas pessoas participavam da missa. Mas ela não estava ali por liturgia, estava por necessidade de alma.

Bezerra a observou em silêncio. Viu as mãos calejadas, os olhos fundos, o rosto marcado pelo sofrimento. Sentiu a intensidade de sua fé, uma fé que resistia, mesmo após tantas portas fechadas, tantos julgamentos cruéis. Ela continuava a repetir, quase em transe:

— Se a senhora puder... Me diga, me mostre... Onde está o céu para o meu menino? Onde foi que Deus colocou meu filho?

Ela estava de joelhos e Bezerra ajoelhou-se ao lado dela. Pousou as mãos etéreas sobre seus ombros. A mulher estremeceu, sentindo um calor inesperado atravessar-lhe o peito. Seus lábios se calaram por um instante. Lágrimas escorreram sem resistência.

— Filha, aqui estou – murmurou Bezerra em pensamento elevado. – Ouço tua alma. Recebo tua fé. E com tua fé construiremos pontes de amor.

Ela não o via, mas em seu íntimo algo se acalmava. Ela respirou fundo, olhou para o altar e sussurrou:

— A senhora me mandou socorrer... Né? Eu sei que mandou.

Bezerra sentiu as lágrimas lhe marejarem os olhos. Aquela mulher não pedia riquezas, milagres nem recompensas. Só queria saber se seu filho, que havia partido tragicamente, que fora julgado por tantos, tinha um lugar no Céu.

Quantos haviam cochichado sobre o rapaz? Que tirara a própria vida. Que se metera com drogas. Que era rebelde, problemático, "sem Deus no coração". Mas o que poucos sabiam era da dor que aquele jovem carregava em silêncio. Da alma confusa, das pressões da sociedade, dos abusos sofridos na infância. Ele havia pedido socorro, em gestos, olhares, silêncios. Mas ninguém soubera ouvir. Ninguém, exceto aquela mãe. E agora ela estava ali, em nome dele.

— Teu amor, filha, é mais forte que o julgamento do mundo. E por ele, teu filho será alcançado – declarou Bezerra com firmeza.

Inclinou-se e beijou-lhe a fronte em espírito. Um raio sutil de luz dourada desceu até ela. Seu corpo estremeceu. Pela primeira vez em dias, talvez semanas, sentiu paz.

— Onde quer que ele esteja, eu só queria saber que ele não está sozinho – murmurou com voz embargada – Que tem alguém com ele...

— Tem, filha. Tem sim. E agora iremos até ele. Prepare-se. Tua prece abriu caminhos que o desespero não alcançaria.

Bezerra ergueu-se. Olhou para os espíritos que o acompanhavam.

— Organizemos uma visita. Precisamos encontrá-lo. Essa rogativa precisa de resposta. Esta mãe construiu um céu em seu coração. Que seu filho o encontre.

A mulher, sem saber por que, levantou-se. Caminhou até o altar. Ajoelhou-se diante da imagem de Nossa Senhora. E pela primeira vez, não pediu nada. Apenas agradeceu. Um sussurro saiu de seus lábios:

— Obrigada por ter me ouvido...

E no Plano Espiritual, o Céu começava a responder com amor o que a Terra não sabia explicar.

2
O PEDIDO DE FABIANA

A prece daquela mãe ainda vibrava nos campos sutis do Mundo Espiritual quando Bezerra de Menezes, envolto em suave emoção, afastou-se do templo terreno onde permanecera silenciosamente ao lado dela. Os pensamentos do venerável Espírito viajavam com reverência, conduzidos por uma prece que não cessava de ecoar, feita de dor e fé, clamor e confiança.

Enquanto caminhava pelas trilhas luminosas de uma esfera de amparo, ladeado por companheiros espirituais, sentiu uma leve brisa envolvê-lo. Era uma fragrância diferente, quase imperceptível, como as lembranças do tempo em que o Espírito ainda vestia carne e recebia beijos na testa antes de dormir. Aquele aroma não era dessa Colônia, nem de lugar algum do espaço, era memória viva do amor. E então ele ouviu:

— Adolfo...

Foi como se o universo silenciasse por um instante. Seu nome, pronunciado com ternura antiga, trouxe-lhe recordações há muito guardadas na câmara íntima da alma. Lentamente, Bezerra voltou-se, tomado por uma emoção tão doce quanto irreprimível. Ali, diante dele, envolta em luz azulada e suave, estava Fabiana Cavalcanti, sua mãe.

Ela o olhava como nos tempos da infância, quando seu menino corria com os pés descalços pelo quintal e voltava ao seu colo com os joelhos ralados e o coração tranquilo. O mesmo olhar, firme e cheio de ternura, agora se derramava sobre o espírito missionário, como se nenhuma distância, tempo ou desencarnação tivesse passado. Bezerra, comovido, caiu de joelhos. Lágrimas espirituais escorreram em silêncio.

— Mãe... Murmurou, com a voz trêmula, como se voltasse a ser o menino de outrora.

Ela se aproximou e, com mãos que pareciam feitas de luz e saudade, tocou-lhe o rosto com delicadeza.

— Adolfo, meu filho, ouve o que teu coração já sabe. Vai até essa mãe, e a todas as mães que choram seus filhos, e diz a elas: Deus tem um céu para cada um de seus filhos.

Bezerra fechou os olhos. As palavras ecoavam como bálsamo.

— Ensina, meu filho... Ensina ao mundo que o céu de Deus não é privilégio dos justos conforme julga a Terra, mas acolhimento para todos os que, em suas dores, buscam amor. Ensina que os homens ainda não compreenderam que o céu verdadeiro é estância de compaixão e recomeço, e não tribunal de condenações.

Ele a olhava com gratidão. Em cada palavra, sentia a força da maternidade que renascia do lado de lá da vida. Fabiana não era apenas sua mãe biológica, era agora expressão da Mãe Universal, da ternura que acolhe, da sabedoria que elucida.

— A oração daquela mulher, ajoelhada na igreja, foi como um farol aceso no meio do oceano – continuou ela – e não é a única. Há muitas, tantas, incontáveis mães no mundo físico, com o coração sangrando de dor, acreditando que seus filhos estão perdidos, esquecidos, punidos...

— Mas, não estão – sussurrou Bezerra, agora tomado por firmeza. – Nenhum filho está perdido para sempre. Nenhum amor verdadeiro é esquecido por Deus.

Fabiana sorriu, e seus olhos eram como dois sóis de bondade.

— Vai, Adolfo. Narra o que viste. Conta o que sabes. Mostra às mães que a morte não separa os que se amam. E que a vida continua, mesmo quando parece ter cessado.

Ele tomou-lhe as mãos e beijou-as com respeito e devoção. O gesto era o mesmo da juventude, quando, ainda encarnado, pedia a bênção materna. Aquele carinho, agora eterno, era força para seu espírito. Ela então se afastou suavemente, desvanecendo-se em luz. Não houve adeus, apenas um aceno silencioso, pois o amor verdadeiro nunca parte.

Bezerra permaneceu por alguns minutos em prece. Seus companheiros espirituais aguardavam, respeitando o sagrado reencontro. Quando ele se ergueu, sua expressão era de determinação serena.

— Irmãos – disse ele, com voz firme e doce – organizemos os relatos. Quero visitar outras mães. Vamos nos aproximar dos lares onde o luto virou desespero. Das casas onde o silêncio da perda ecoa como grito. Dos corações que enterraram seus filhos e, com eles, a própria esperança.

Alguns espíritos anotavam em painéis vibratórios os registros de súplicas semelhantes. Era impressionante o número de mães que oravam, cada uma a seu modo, mas todas com a mesma dor.

— Visitaremos os filhos também. Os que partiram no vício, na violência, na rebeldia, na solidão. Aqueles que foram rotulados como "casos perdidos", "espíritos endurecidos", "sem merecimento"... Pois esses são, muitas vezes, os mais necessitados da misericórdia. E o Pai não os esqueceu.

Bezerra voltou a caminhar, agora em outra direção. Não mais em resposta a uma única prece, mas a um clamor coletivo. Sabia que a Terra ainda estava envolta por sistemas religiosos que pregavam a salvação como prêmio e a perdição como castigo. Mas o céu que ele conhecia, o céu que desejava mostrar, era feito de mãos estendidas e corações dispostos a recomeçar.

— Registraremos cada história. Cada resgate. Cada reencontro. Escreveremos com palavras de luz aquilo que a Terra não consegue ver. E, quem sabe, ao ler estas páginas, uma mãe, um pai, um irmão, sinta renascer dentro de si a certeza de que ninguém se perde onde há amor.

Os espíritos que o acompanhavam se preparavam para os desdobramentos. Registros vibratórios eram organizados. Mapas espirituais eram traçados. Seriam dias de visitas, de reencontros, de relatos comoventes.

Este livro, portanto, não é apenas um conjunto de histórias. É um tributo ao amor que não morre. Um testemunho espiritual para quem acredita que perdeu tudo. É uma resposta do Céu às perguntas que os homens não sabem como responder. E àquela pergunta que ainda ecoa – "Onde está o céu para o meu filho?" – Bezerra agora responde com o coração:

— Está onde existe amor. Está onde há oração sincera. Está onde a fé não desiste. Está no colo de uma mãe. Porque Deus, em Sua bondade infinita, tem um céu único e especial para cada um de Seus filhos.

3

A FORÇA DO AMOR MATERNO

A prece daquela mãe ainda vibrava nos campos sutis do Mundo Espiritual. A força do seu amor transformara-se em trilha de luz que atravessava dimensões, conduzindo-os às regiões onde a dor se materializa conforme o estado mental dos que ali habitam.

Guiados por irmãos especializados no resgate de almas, a equipe de Bezerra chega a um campo sombrio, onde não havia tempo, nem direção. O sofrimento se expressava em paisagens desoladas, criadas não por Deus, mas pela culpa, pelo medo, pela sensação de abandono. Era como se os próprios pensamentos dos que ali estavam moldassem o ambiente.

Em um recanto desse vale, eles encontraram o filho daquela mãezinha vista na igreja. Estava encolhido em si mesmo, como quem tenta desaparecer até da própria alma. Os olhos fundos olhavam o nada. Os ombros caídos pareciam sustentar o peso de séculos. Ao se aproximar, Bezerra viu que ao seu redor havia resquícios de memórias: um quarto escuro, ecos de gritos, fragmentos de palavras cortantes ditas por um pai ausente e frio. O solo ao redor era feito de sombras densas, e o ar parecia pesado, quase sólido, um reflexo exato da angústia que o dominava.

Ele murmurava frases repetitivas:

— Eu não mereço... Não tem perdão para mim... Eu destruí tudo... Deus não me quer... Minha mãe vai me esquecer...

Tantas vezes ouvira isso em vida, que as ideias se fixaram como tatuagens no espírito. Acreditava, com convicção doentia, que sua dor era castigo. Que seu fim era justo. Que sua vida havia sido um erro desde o nascimento. Todas as vezes que sua mãe orava, seu campo vibratório se modificava. Por instantes, ele era envolvido por uma ternura suave, como se braços invisíveis o acolhessem. Todavia, terminado o momento da prece, era tomado novamente pela culpa à semelhança de névoa espessa. A lembrança da dor era mais forte do que a fé que ele nunca desenvolvera. A mente humana, quando convencida de sua própria perdição, é difícil de ser convencida da salvação.

Bezerra senta-se ao lado dele e coloca a mão sobre sua fronte, pronunciando seu nome com todo carinho que sentia. O jovem em sofrimento estremece. Por um instante, seus olhos vagam como se buscassem algo esquecido.

— Quem é? – pergunta, com voz infantilizada. – Quem está aí?

— Um amigo – Bezerra responde – Um emissário de tua mãe. Ela tem te chamado nas preces. Tem pedido teu amparo. E Deus ouviu.

Ele balançou a cabeça negativamente, como quem recusa um copo de água por achar-se indigno de beber.

— Ela deve me odiar... Eu fiz tudo errado...

Bezerra toca-lhe os ombros com firmeza e compaixão:

— O amor verdadeiro não odeia. Tua mãe está entre as almas mais puras que vi suplicando em nome de um filho. Teu pranto não é maior que o dela. Tua dor não é invisível. Estamos aqui porque ela construiu uma ponte com a alma.

Ele começou a chorar. E o pranto, com a consciência que o estado de desencarnado promove, purifica as raízes mais profundas da culpa.

Em silêncio, Bezerra evocou auxílio, e espíritos socorristas aproximaram-se. Logo que chegaram envolveram o jovem sofrido em vibrações de serenidade através de fluidos curativos. Outras entidades traziam energia luminosa condensada que se assemelhavam a flocos de luz. Uma mulher, de semblante sereno, ajoelhou-se ao lado dele e começou a cantar uma canção de infância. Era a música que sua mãe entoava para ele nas noites em que o medo do escuro tomava conta de seu coração. Ele então a reconheceu.

— Mãe... – sussurrou, entre soluços – Ela... Ela me ama ainda?

— Ama. E sempre amará – Bezerra respondeu. – E agora chegou o momento do teu despertar. Mas isso é só o começo.

Enquanto ele era amparado por mãos amorosas, era possível compreender mais profundamente os motivos daquela dor tão entranhada. Aquele jovem trazia marcas de vidas passadas. Em existência anterior, havia sido um homem severo, que impusera dor a outros.

Em outra existência física, fora abandonado por aqueles que mais ele amava. Carregava, ao longo dos séculos, um senso de inadequação, insuficiência e indignidade, que se agravou na existência recente, onde reencontrou o espírito do pai de outrora, alma com quem tinha débitos cármicos profundos.

A relação com o pai, marcada por frieza e exigência excessiva, reabriu antigas feridas. As terapias do mundo o diagnosticaram com depressão, transtornos emocionais e fragilidades da psique, mas nenhuma explicação da medicina e da psicologia bastava para dimensionar sua dor. A chave estava na alma. E a alma, quando adoecida em várias vidas, precisa mais do que palavras: necessita de redenção.

A sociedade o tratava como "jovem problemático", mas Bezerra de Menezes o via como um espírito em transição, lutando para se libertar de ciclos milenares de culpa. Foi sua mãe, com seu amor paciente, quem iniciou esse processo de cura. Ao pedir auxílio, ela acionou forças superiores. E foi por isso que o auxílio chegou até ele.

Ao jovem foram aplicadas correntes fluido-magnéticas restauradoras e ele foi, então, conduzido com carinho para um posto de reequilíbrio espiritual. O núcleo não era um hospital, como os conhecidos na Terra, mas uma "casa de repouso" para a alma. Um ambiente onde o tempo era respeitado, onde a dor era compreendida, onde não havia pressa para se levantar, mas sobretudo, incentivo para não desistir.

Ali, ele será tratado com amor, escutado com paciência, respeitado em seu tempo. Ainda há um caminho a ser trilhado. A libertação não é mágica, nem instantânea, mas já se iniciou. Porque o amor de uma mãe tem o poder de quebrar os grilhões mais endurecidos dentro da alma.

4
CAIO, O FILHO AMADO DE DONA LURDES

O resgate daquele jovem não se encerrou com o rompimento das correntes do desespero. Acolhê-lo foi o primeiro passo. O segundo seria mais demorado e exigiria cuidados, paciência e, sobretudo, amor constante.

Ele foi conduzido para uma instituição localizada em um oásis do Mundo Espiritual e chamada de Posto da Esperança. Ali, eram acolhidos jovens que retornam ao Plano invisível após experiências difíceis na vida física. Suas mentes, por vezes ainda aprisionadas à dor ou à confusão psíquica, precisam de tempo, silêncio e ternura para se reorganizarem. Tudo ali é voltado para esse processo: o ambiente, os sons, as cores, os gestos.

O nome do jovem é Caio. Assim era chamado por sua mãe, Dona Lurdes, desde o ventre. Sua chegada ao Posto foi acompanhada por uma profunda energia amorosa vinda dela, como se seus pensamentos o abrigassem num cobertor de luz.

O edifício principal do Posto é circular, com alas dispostas como pétalas ao redor de um jardim central. Cada ala acolhe um grupo distinto, segundo suas necessidades. Caio foi levado à Ala da Superação, onde ficam os adolescentes que retornaram em condições de grande sofrimento emocional.

Bezerra foi recebido por Irmã Alzira, responsável pelo núcleo, uma entidade maternal de palavras doces e olhar firme. Quando viu Bezerra se aproximar com o novo assistido, abriu os braços num gesto acolhedor.

— Seja bem-vindo, Caio. Nesse nosso posto você irá se sentir em um lar amoroso. Aqui, você vai descansar e se reequilibrar, se fortalecendo a cada dia.

Ele não disse nada. Olhava ao redor com medo e desconfiança, mas havia um leve brilho nos olhos, como se a esperança estivesse em luta contra a dor. Foi instalado em um quarto arejado, paredes em tons suaves, janelas que se abrem para um lago sereno. Sobre um móvel havia pequenos objetos de uso diário que ele escolheria depois, conforme fosse se recuperando.

Nos primeiros dias, Caio dormiu bastante. Era um sono restaurador, necessário para aliviar as impressões pesadas trazidas do Plano Físico. Durante esse tempo, recebia passes magnéticos e ouvia melodias suaves, compostas por espíritos músicos que compreendem os ritmos da alma.

Em seu quarto, havia uma pequena tela vibratória onde, de tempos em tempos, projetavam-se cenas de sua infância: o colo da mãe, o primeiro sorriso, as brincadeiras no quintal. Tudo isso era cuidadosamente selecionado pela equipe da Casa, para que ele se reconectasse às memórias de amor e segurança que haviam ficado obscurecidas.

Paternalmente, Bezerra acompanhava cada etapa desse processo. Estava ali como supervisor, mas também como servo. Percebia-se que a tarefa dele era velar pelos detalhes aparentemente mais sutis, assegurar que a esperança se enraizasse sem pressa, sem imposição.

E havia algo mais a ser feito. Dona Lurdes, sua mãe, merecia reencontrá-lo novamente. Na terceira noite após a internação do filho, ela dormiu com o coração mais leve. Suas orações tornaram-se mais serenas. Embora ainda sentisse dor, algo novo surgia: fé.

Foi nesse momento que a Espiritualidade Superior autorizou seu desdobramento consciente para mais um encontro. Acompanhada por um benfeitor, ela foi conduzida ao Posto da Esperança. Seu espírito, ao se desprender parcialmente do corpo adormecido, foi recebido por Bezerra de Menezes à entrada do jardim central.

— Seja bem-vinda eu sou Bezerra, um servidos de Maria de Nazaré, Nossa Senhora, que ouviu as suas preces. Venho em nome do amor que a senhora cultivou por seu filho.

— Meu Caio... Ele está bem? Poderei conversar com ele?

— Ele está em recuperação, minha filha. Seu espírito não foi destruído pela dor. Está sendo cuidado, tratado. E em breve ele mesmo poderá lhe dizer o quanto seu amor o alcançou. Após o momento mais delicado do seu resgate a cada dia que passa ele se fortalece, mas é preciso ter paciência. Não abandone suas orações, pois elas são medicamentos eficientes para asserenar o coração do seu filho.

Ela levou as mãos ao rosto e começou a chorar: "Eu pensei... Durante muitos dias, pensei que ele estivesse no inferno. Disseram tantas coisas... Que não havia perdão"...

Bezerra tomou-lhe as mãos com carinho, e disse:

— O único inferno, minha filha, é o que construímos dentro de nós quando esquecemos que somos filhos de Deus. Seu filho sofreu, sim, mas Deus não o abandonou. E sua prece foi o remédio. Sua fé foi a chave que abriu a porta deste encontro.

Asserenadas as emoções, ela foi conduzida até ao quarto onde Caio repousava. Ele ainda dormia, em sono profundo. Seu semblante, no entanto, era sereno.

— Posso tocar nele? – perguntou Lurdes, hesitante.

— Pode. Ele sentirá seu carinho, mesmo que não desperte agora.

Ela se ajoelhou ao lado da cama e acariciou seus cabelos. Lágrimas silenciosas escorriam, mas agora eram lágrimas de gratidão: "Meu filho, mamãe está aqui... Mamãe nunca te deixou"...

Naquele instante, as luzes do ambiente pareceram intensificar-se. Uma corrente de energia saída daquele coração materno envolveu o aposento. Caio sorriu em meio ao sono. Não era um sorriso forçado. Era leve, espontâneo. Como o de uma criança que se sente em casa.

Lurdes fitou os olhos de Bezerra de Menezes em muda indagação. E nesse momento, o Médico dos Pobres se aproximou e lhe disse: Deus tem um Céu para cada um de Seus filhos. E hoje, neste reencontro, começou o Céu de vocês dois.

Ela assentiu. E antes que o tempo do desdobramento terminasse, podia-se ver nela uma nova mulher: ainda ferida, mas com um novo semblante.

Acompanhamos seu retorno ao corpo físico com gratidão. Ao despertar, ela traria na alma a certeza que a sustentaria pelos dias futuros.

Quanto a Caio, ele acordaria no dia seguinte com uma sensação inexplicável de paz. Não se lembraria de tudo conscientemente, mas algo dentro dele mudaria.

E assim Bezerra seguiu, cuidando de um filho de Deus que, graças ao amor de sua mãe, reencontrou o caminho para o Céu.

5

ALINE, A REFÉM DO DESAMOR

As orações mais sinceras, mesmo as mais inseguras e balbuciadas no desespero, sempre encontram caminho até o Alto. Assim chegou até o posto de registro de orações o clamor de dona Célia, mãe de Aline. Suas palavras, mergulhadas em dor e culpa, rogavam pelo amparo da filha, assassinada de forma brutal por um cliente inconformado com sua recusa a novos encontros. Ela não pedia explicações, não buscava justificativas. Pedia apenas que alguém encontrasse sua menina.

Aline havia nascido em uma família fragmentada, onde a presença dos pais era escassa, tanto física, quanto emocional. Separados desde sua infância, mãe e pai pareciam mais interessados em travar batalhas mútuas do que em oferecer-lhe afeto. Cresceu entre gritos, portas batidas, silêncios gélidos e promessas nunca cumpridas. Buscou amor em laços frágeis, desejando desesperadamente ser vista, acolhida, amada. Mas encontrava, quase sempre, abandono e abuso.

Desde jovem, sentia demais. Chorava por dores que não entendia, percebia ambientes como se o invisível falasse com ela, e sonhava com pessoas que nunca conhecera. Era médium sensível, mas sem qualquer orientação. Ignorando sua condição espiritual, passou a conviver com presenças sombrias sem saber que não eram apenas frutos de sua imaginação. Espíritos obsessores encontraram nela campo fértil para sua influenciação.

Suas experiências afetivas desastrosas e a ausência de vínculos profundos a empurraram para a prostituição. Primeiramente alegando sobrevivência, depois como forma de suprir o vazio emocional que crescia. O consumo de entorpecentes veio em seguida, como fuga e tentativa de silenciar vozes internas, que insistiam em recordar-lhe a dor da infância e a angústia de não se sentir digna de amor.

Após sua morte, a situação espiritual de Aline era crítica. Sua mente, profundamente ferida, mantinha-se presa a cenas de humilhação e violência. Fora arrastada para uma zona do Mundo Espiritual onde espíritos viciosos e cruéis a utilizavam como instrumento de vampirismo sexual, deles se tornara refém. Sua energia era explorada, e ela própria, semiconsciente, aliciava outros jovens recém-desencarnados com sua aparência sedutora e sua dor latente.

Foi necessário preparo e alguns cuidados para atender aquele chamado urgente. Uma equipe espiritual, com profundo equilíbrio e elevação moral, foi organizada por Bezerra de Menezes. Para o êxito do tentame era preciso conhecimento a respeito das mórbidas energias daquelas zonas inferiores. Não se tratava apenas de realizar um resgate espiritual, mas de adentrar uma região onde os valores mais primitivos predominavam. A região era obscura, opressora, povoada por entidades que se comprazem na dor alheia e que usam os sentidos inferiores para manterem suas presas.

A equipe chegou em profundo silêncio. Aline estava sentada sobre um leito: aparência desleixada, olhos vazios, cercada por vultos que se alimentavam de sua vitalidade. Era bela, mas sua beleza estava misturada à tristeza imensa de quem já não sabia onde começou tudo aquilo. As correntes vibratórias a prendiam, não por força física, mas por condicionamento mental. Ela acreditava que aquele era seu lugar, seu destino, sua punição.

Bezerra aproximou-se dela lentamente, e chamou-a pelo nome.

— Aline...

Ela não respondeu. Olhou para ele com desprezo, talvez habituada a associar qualquer aproximação masculina ao desejo carnal. Um dos espíritos ao redor voltando-se para Bezerra, ergueu-se em desafio:

— Ela é nossa. Alimenta-nos há meses. Não será levada sem conflito.

Em seu semblante, Bezerra era a presença da paz. Nessas circunstâncias, é preciso mais do que palavras. É preciso irradiar autoridade moral e, sobretudo, amor. Ele fixou seu olhar naquele irmão, e lhe respondeu:

— Ela é filha de Deus. E nenhuma filha de Deus é propriedade de quem quer que seja.

A energia espiritual que envolvia Bezerra de Menezes abriu um pequeno campo de luz ao redor de Aline. Os obsessores recuaram. Alguns gritavam impropérios, outros se dissolviam em formas grotescas. Aline, assustada, tentou se esconder.

— Não me leve! Eu pertenço a eles! Eu sou isso aqui!

— Não, minha filha. Você é muito mais do que lhe fizeram acreditar. Você é amor esquecido de si mesma. É a prece da sua mãe, que sobe todas as noites até o Céu.

Ela estremeceu. Pela primeira vez em muito tempo, uma lágrima desceu de seus olhos. Uma lágrima sincera, não de dor, mas de lembrança. Lembrança de um tempo em que acreditava que poderia ser feliz. Do alto, começaram a descer filetes de luz azulada. Espíritos amorosos se aproximaram. Irmã Clarisse, enfermeira espiritual de longa experiência em casos semelhantes, envolveu Aline com um "manto" de proteção vibratória. Junto com a trabalhadora do bem, Bezerra começou a afastá-la do ambiente. Alguns obsessores tentaram impedi-lo, mas a luz já era mais forte que as correntes mentais. Um dos espíritos, antes ameaçador, caiu de joelhos, e também pediu socorro.

Aline foi conduzida para uma zona de transição. Lá, seria cuidada magneticamente, libertando-se aos poucos das impressões densas. Ainda resistiria. Ainda duvidaria. Mas o processo de resgate havia começado. Sua dor não seria mais alimento de ninguém. Seria agora curada.

Alguns dias depois, foi possível permitir a Dona Célia uma visita espiritual. Ela foi conduzida, fora do corpo, até o pátio da instituição onde sua filha agora se encontrava.

— Ela está mesmo aqui? - perguntou a Bezerra, com o coração batendo forte.

— Sim, minha filha. - Ele respondeu - E se recupera. Está sendo cuidada.

Ao vê-la, ainda que a filha estivesse um tanto alienada e não se apercebesse de sua presença, Célia caiu de joelhos e chorou em silêncio. Emocionada, contemplou Bezerra com ternura e medo.

— Ela tem salvação, Doutor Bezerra?

— Mais do que isso. Ela tem destino, propósito, luz esperando para se libertar. O que aconteceu não foi o fim. Foi um grito. E o Céu respondeu. Porque Deus tem um Céu para cada um de seus filhos. Mesmo os que se perderam da própria fé.

Ela abraçou Bezerra de Menezes como uma filha abraça um pai. E ao voltar ao corpo físico, trouxe consigo a certeza de que o amor alcança aonde as mãos humanas não chegam.

E o Médico dos Pobres seguiu. Outras mães aguardam. Outros filhos gritam em silêncio. E enquanto houver alguém orando, haverá resposta. Porque o Céu se move por amor.

6
A MÃE PALESTINA

A dor de uma mãe atravessa fronteiras, religiões, idiomas e culturas. Há algo universal e divino no amor materno, algo que não se limita a dogmas, que não se dobra diante de diferenças, que clama, em sua essência, por socorro ao Céu, seja qual for o nome dado a Deus. Foi assim que Bezerra de Menezes conheceu Fátima Al-Karim.

Radicada por alguns anos no Brasil, trazia no semblante a dignidade das mulheres do deserto do Oriente Médio, e no coração, as cicatrizes de quem lutou muito para oferecer aos filhos uma vida longe da violência que marcou sua terra natal.

Nascida na Palestina, cresceu em meio ao conflito e à promessa de resistência, mas sonhava com paz. Casou-se jovem, perdeu o marido cedo, e buscou no exílio uma chance para criar os filhos longe do ódio.

Enquanto viveu em solo brasileiro, fez amigas entre as vizinhas, aprendeu a língua com esforço e humildade. Entre essas amizades, destacou-se uma senhora espírita que lhe falou, em tom respeitoso e afetuoso, sobre a vida após a morte, sobre o Cristo, e sobre os espíritos que trabalham por amor à humanidade.

Fátima, embora apegada às tradições do Islã, ouviu. Com o tempo, recebeu um pequeno retrato de Bezerra, acompanhada de um bilhete: "Este é o Dr. Bezerra de Menezes. Ele é um servidor de Deus. Se algum dia sentir que não há mais para onde correr, ore e chame por ele." Guardou a foto, mais por carinho que por crença.

Anos depois, de volta à Palestina, a tragédia se instalou. Seu filho, Omar, de apenas dezoito anos, fora aliciado por grupos extremistas. Sentindo-se impotente, ferido pela perda de amigos em ataques aéreos, e tomado por ideologias que prometiam sentido e glória à sua dor, entregou-se como mártir.

O corpo se despedaçou na explosão. Mas a alma, esta não se extingue. Retirado abruptamente do corpo físico, Omar foi projetado para uma zona espiritual de intenso desequilíbrio. Ali, revivia incessantemente o momento da explosão, cercado pelas imagens das vítimas, entre elas crianças, mulheres e civis inocentes.

Diante da realidade de não se deparar com o paraíso que lhe fora prometido pelos aliciadores, se viu preso a uma teia de culpa, ódio e confusão. Sua mente repetia os discursos que ouvira antes da missão: "Tu serás honrado. Estarás com o profeta. O paraíso é teu." Mas não havia paraíso algum. Apenas o eco dos gritos, a angústia das vítimas e a solidão.

Foi então que Fátima, sem saber a quem mais recorrer, lembrou-se do bilhete. Pegou o retrato de Bezerra, desbotado pelo tempo, e chorando, em seu idioma natal, invocou:

— Allah, compadece-te do meu filho. E se esse servo do teu amor, esse homem do Brasil, esse Bezerra de Menezes, puder ouvi-lo, que ele venha! Que ele venha, pelo amor de todas as mães!

E assim, envolvido por esse pedido sincero, Bezerra foi até ela. Acompanhado por irmãos do Oriente – pois, sim, há falanges do bem em todas as nações e sob todas as crenças – ele aproximou-se do campo onde Fátima fazia suas súplicas. Ela não o via, mas sentiu um sopro de paz. Ele beijou-lhe a fronte em espírito e prometeu: — Iremos buscar teu filho!

A missão era delicada. Omar estava preso a um núcleo de energia densa, composto por entidades que exploravam sua culpa e reforçavam a ilusão do martírio glorioso.

Espíritos sofredores das vítimas se agrupavam ao seu redor, não por vingança, mas em desespero. Ele os via, os ouvia, mas não conseguia compreender. Seu pensamento era fragmentado, como estilhaços que jamais se uniam.

Ao chegar, Bezerra vê um jovem de olhos arregalados, murmurando versos do Alcorão que aprendera desde a infância, como tentativa de se proteger. Repetia o nome de Deus, mas sua alma estava em guerra consigo mesma.

— Omar – ele chama, com firmeza e ternura – Teu nome ecoou até o coração do Céu. Tua mãe pediu por ti.

Ele olha para o Médico dos Pobres com estranhamento. Bezerra não era da sua religião, da sua cultura, da sua terra. Mas o olhar dele falava uma linguagem que ele sentia: o amor.

— Sou um servidor de Deus, como tantos outros. E vim porque o Amor não se limita às fronteiras da fé ou dos países do mundo.

— Eu sou um assassino – respondeu, com voz embargada – Não mereço o paraíso. Não mereço perdão.

— O perdão não é prêmio para os perfeitos, Omar. É caminho para os que desejam voltar. Deus não te criou para a destruição. Ele te fez para o aprendizado. E tua mãe te chama todos os dias.

As palavras "mãe" e "aprendizado" quebraram uma camada de gelo em sua mente. Ele caiu de joelhos. E chorou. Chorou como choram os que, pela primeira vez, sentem o peso de seus atos, mas também o alívio de não estarem sozinhos.

Foi necessário envolvê-lo em magnetismo curador. Retirá-lo daquele campo exigiu apoio vibracional de alto nível. Entidades do bem ligadas à tradição islâmica colaboraram com a equipe espiritual. Há mensageiros do amor universal trabalhando sob muitos nomes: Isa, Maomé, Moisés, Krishna, todos comprometidos com a elevação da humanidade.

Omar foi conduzido a um abrigo vibratório onde espíritos como ele, tomados por ideologias extremas, estavam sendo tratados com cuidado: diálogo e silêncio reparador alternavam-se. Lá, pela primeira vez desde sua morte, ele conseguiu dormir sem ver e ouvir explosões. Sonhou com sua infância, com a voz da mãe chamando-o para o jantar, com o cheiro do pão quente em casa.

Naquela mesma noite, Fátima adormeceu exausta, depois de orar com mais serenidade. Foi então conduzida, em desdobramento, até a colônia onde seu filho repousava. Ela olhou para Bezerra e o reconheceu. Parou, emocionada.

— Você veio...

— Vim, minha filha – ele respondeu com afeto – porque teu amor me chamou. E teu filho está salvo.

Ela correu até o leito onde Omar repousava. Tocou-lhe os cabelos e beijou-lhe a testa. Ele não despertou, mas sorriu em sonho. Suas energias se entrelaçaram em prece silenciosa. O reencontro espiritual não precisava de palavras, apenas de presença.

Bezerra se aproximou e amorosamente falou a Fátima:

— Deus tem um Céu para cada um de Seus filhos. E o Céu, minha filha, não é recompensa, é destino. Amorosamente construído por mães como você, que mesmo entre ruínas, não desistem de acreditar na luz.

Ela assentiu com lágrimas nos olhos. Ao despertar no corpo, levou consigo uma certeza que ninguém mais lhe arrancaria: seu filho estava bem e em paz, no que ela descreveria como Jannah (céu). Não estava sofrendo em Jahannam (inferno) como temia. E onde o amor de uma mãe alcança, até as trevas se rendem.

E Bezerra seguiu. Porque onde houver uma alma clamando por consolo, ele estará. Pois o Céu não é dos que vencem pela força, mas dos que persistem no amor.

7 UM CÉU PARA OS IMPERFEITOS

Na tarde serena daquela colônia espiritual, Bezerra de Menezes foi convidado a participar de um encontro muito especial. A assembleia reuniria dezenas de espíritos em recuperação, jovens e adultos que haviam interrompido voluntariamente a experiência terrena.

Muitos ainda se encontravam mergulhados em sentimento de culpa, arrependimento, e outros tantos conflitos; estavam apenas começando a despertar para a realidade espiritual que os envolvia.

O auditório era amplo, construído em forma circular, como um abraço. As paredes vibravam em tons de azul e dourado, e no centro havia um jardim de flores sutis, que exalavam uma fragrância calmante, terapêutica. Espíritos ligados ao serviço da música preparavam o ambiente com harmonias destinadas a suavizar as resistências emocionais do público presente.

Não era uma palestra no formato que os encarnados conhecem. Era, antes de tudo, um momento de reencontro, de troca, de acolhimento. Os organizadores pediram a Bezerra que ele falasse sobre o amor de Jesus e sobre a reconciliação possível entre os que partiram e os que ficaram.

Aos poucos, os assistidos começaram a chegar. Alguns vinham amparados por mentores. Outros, mais despertos, caminhavam com seus próprios pés. Havia semblantes sombrios, olhares desconfiados, mas também expressões de esperança.

Bezerra de Menezes subiu à tribuna com o coração profundamente tocado. Ele respirou e orou em silêncio. E contemplando os presentes com serenidade, começou:

— Meus irmãos e irmãs, filhos e filhas do amor eterno... Que a paz do Cristo esteja em cada um de vós.

Houve silêncio. Um silêncio que ouvia, um silêncio que doía, mas queria entender.

— Muitos aqui acreditam que romper com a vida física foi romper também com Deus. Acreditam que o gesto final que os trouxe para cá apagou toda a trajetória anterior. E vivem, desde então, sob o peso dessa convicção dolorosa. Mas eu vos digo: o amor de Deus não se apaga. Nem por erro, nem por desespero, nem por desobediência. O amor de Deus é maior do que a morte.

Alguns olhos se ergueram, surpresos. Outros se desviaram, ainda carregados de vergonha.

— Sei que muitos de vós deixastes o corpo físico em meio ao desespero, ao vazio, à dor silenciosa. Alguns o fizeram para silenciar vozes internas. Outros, para fugir de pressões insuportáveis. Alguns, por não encontrarem acolhimento. Outros, por se sentirem um fardo. Nenhuma dessas razões foi ignorada pelo Cristo. Nenhuma foi condenada pelo Pai.

Ele fez uma pausa, pois viu e sentiu as lágrimas silenciosas escorrerem por rostos antes endurecidos ou alienados. E continuou:

— O Mestre Jesus não veio à Terra apenas para os sãos, os fortes e os equilibrados. Ele veio para os feridos. Para os pobres de espírito. Para os cansados. Ele tocava leprosos, sentava-se com mulheres humilhadas, defendia publicanos e acolhia os que a sociedade desprezava. Por que, então, não vos acolheria agora?

Uma jovem, sentada próxima ao jardim central, abaixou o rosto e começou a chorar copiosamente. Um espírito amigo aproximou-se dela em silêncio e envolveu-lhe os ombros afetuosamente. Nesse momento, Bezerra olhou em sua direção, e disse:

— Minha filha... Teu choro é semente de cura. Tu não foste esquecida. Nenhum de vós fostes. E mais: os que ficaram no mundo físico, por mais que não compreendam agora, também estão a caminho do entendimento. A reconciliação virá. Ainda que hoje haja mágoa, dor ou silêncio, o tempo e o amor de Deus serão pontes.

Houve comoção. Havia jovens se abraçando. Alguns, que antes evitavam o olhar do outro, agora buscavam consolo mútuo. Após aquelas manifestações emotivas a palavra do benfeitor voltou a ecoar, com voz firme e doce:

— Eu não vim aqui para dizer que o suicídio não tem consequências. Seria imprudente e irreal. Toda ação gera repercussão. Mas vim dizer-vos que não existe consequência eterna para o espírito que deseja recomeçar. Que o arrependimento sincero é o primeiro degrau de uma nova escada. E que a dor pode se transformar em sabedoria.

Novamente uma breve pausa se estabeleceu... E Bezerra prosseguiu:

— Hoje, esta assembleia é um templo de amor. Estamos aqui juntos porque todos queremos entender, curar e continuar. E Jesus está entre nós. Não em forma física, mas em vibração. Porque onde dois ou mais estiverem reunidos em Seu nome, Ele se faz presente.

Nesse momento, uma claridade mais intensa irradiou-se em todo o ambiente. Muitos dos presentes sentiram-se tocados por uma energia extraordinária, como se estivessem sendo abraçados de dentro para fora.

— Falo agora também em nome dos que ficaram: mães, pais, irmãos, companheiros, filhos. Muitos deles sofrem. Sentem culpa. Alguns se enraivecem. Outros se perguntam se poderiam ter feito mais. A todos esses, diremos: o amor não foi rompido. Está apenas suspenso no tempo, esperando o reencontro. E ele virá.

Bezerra aponta para o céu simbólico do auditório:

— O Céu, meus filhos, não é lugar para os perfeitos. É lugar para os que desejam crescer. Não é um prêmio, é um caminho. E cada um de vós, ao escolher permanecer aqui, ouvindo, sentindo, desejando entender, já está a caminho desse Céu.

O silêncio agora era outro. Não mais de dor contida, mas de esperança reverente. A assembleia respirava junto. Estavam unidos por algo maior que a culpa, estavam unidos pelo desejo sincero de se reconstruírem.

E ele concluiu:

— Em nome de Jesus, o Cristo de todos os tempos e nações, vos digo: sois amados. E onde há amor, há vida. E onde há vida, há futuro. Sigamos. Um passo de cada vez. Um dia por vez. Um pensamento luminoso por vez. Porque o Pai nos espera. Sempre...

Ele desceu da tribuna. Não houve aplausos, mas houve algo maior: houve paz. Os espíritos ali presentes estavam mais harmonizados. Muitos não esqueceriam aquela tarde. Não pelas palavras, mas pelo sentimento real de amor.

E enquanto caminhavam pelos corredores do Instituto após a palestra, pequenos grupos iam se formando. Alguns jovens conversando. Outros em silêncio, mas com olhos mais vivos. Irmãos de jornada se reconhecendo. Jesus esteve presente no ambiente e no coração de todos.

E Bezerra, apenas servo, seguiu para o próximo chamado. Porque ainda havia mães orando. Ainda havia filhos em silêncio. E enquanto houver prece, haverá resposta. Porque o Céu não é longe. O Céu se revela quando o amor começa a falar mais alto que a dor.

8

ÁUREA, UMA ALMA INCOMPREENDIDA

A assembleia já havia terminado. Os espíritos assistidos dispersavam-se, conduzidos pelos orientadores espirituais a suas moradas temporárias, onde continuariam seus tratamentos. A luz do entardecer tingia o céu com tons de lilás e dourado. Bezerra caminhava lentamente entre os corredores do Instituto da Renovação, quando foi interpelado por uma jovem.

— Dr. Bezerra? – sua voz era suave, mas carregada de emoção contida.

Ele se voltou com serenidade e viu diante de si uma jovem de traços delicados, cabelos escuros ondulados sobre os ombros, olhar que misturava timidez, esperança e dor.

— Meu nome é Áurea – disse – Eu... Tirei minha vida porque... Porque não conseguia viver com o que sentia. Desde muito nova, eu me sentia atraída por outras garotas. Mas minha família... Minha religião... Todos diziam que isso era errado. Aberração, diziam. Eu cresci achando que era uma mancha na criação de Deus. Tentei negar, tentei silenciar, tentei mudar. Rezei, jejuei, pedi cura. Mas nada mudava dentro de mim. Eu só queria amar e ser amada... Como qualquer pessoa.

Ele permaneceu em silêncio por instantes. Áurea lutava contra as lágrimas que lhe escorriam livres.

— A dor foi crescendo – continuou – como uma sombra. A cada vez que ouvia um sermão condenando pessoas como eu, me sentia mais distante de Deus. Como se Ele tivesse me criado apenas para me rejeitar. Eu tentei – tentei de verdade – viver como esperavam. Mas me perdia. Até que um dia não aguentei mais. O silêncio virou grito. O medo virou decisão.

As palavras dela calaram fundo no coração do Médico dos Pobres, a ponto dele se indagar: Quantas Áureas já haviam cruzado os corredores do sofrimento espiritual, prisioneiras de ideias distorcidas sobre o amor? Quantos jovens e adultos haviam tombado, não por seu sentimento, mas pelo julgamento que os sufocava?

Num gesto paternal ele segura as mãos de Áurea com carinho e fala, olhando em seus olhos:

— Minha filha... O que sentes não é um erro. O amor nunca é um erro. O modo como ele se manifesta pode variar, mas sua essência é divina. Deus não criou padrões rígidos para o coração. Criou almas destinadas a amar, aprender e evoluir. O que machuca é o preconceito. O que adoece é a intolerância. Mas o amor... O amor é sempre cura.

Comovida, ela o olhava como quem ouvia algo pela primeira vez. Como se a voz dirigida a ela fosse um bálsamo dissolvendo anos de dor acumulada.

— Mas... Por que nasci assim? – ela perguntou – Por que Deus me fez assim? Eu só queria perguntar isso a Ele. Pode me responder, Doutor Bezerra?

— Posso, minha filha. E responderei com o coração. Cada espírito nasce com características únicas, moldadas por vivências anteriores, por escolhas passadas e por missões futuras. O que sentes é reflexo de tua sensibilidade, de tua história espiritual. Tu vieste ao mundo com uma proposta de amor, amar sem medo, amar com dignidade, amar apesar da rejeição. Não foste enviada para ser punida, mas para transformar o julgamento em compaixão.

Ela levou as mãos ao rosto, emocionada. As lágrimas agora eram de alívio.

— Eu não sou um erro, então? – murmurou.

— Não, minha filha. Tu és uma flor que nasceu em terreno árido, e mesmo assim floresceu. A tua existência foi marcada por dor, sim, mas também por coragem. Porque resististe mais do que imaginas. E agora, estar aqui, comigo, buscando respostas, já é o primeiro passo da tua cura.

Áurea foi conduzida para um setor especial do Instituto, voltado a espíritos que partiram sob conflitos de identidade e rejeição afetiva. Acolhida por mentoras espirituais que haviam trilhado caminhos semelhantes ela iniciou seu processo de libertação interior.

Nos primeiros dias, as recordações densas ainda lhe causavam instabilidade. Pesadelos do passado vinham à tona em imagens fragmentadas. Emocionalmente fragilizada, Áurea era amparada pelas irmãs espirituais Leila e Djanira. Elas não impunham doutrina. Apenas ouviam, acolhiam e vibravam por sua reconstrução.

Com o tempo, Áurea começou a participar das oficinas de autoconhecimento promovidas no Instituto. Em uma das dinâmicas desenhou uma imagem de Jesus cercado de jovens que sorriam com a presença do Mestre. E junto à imagem uma frase que refletia tudo o que seu coração sentia: "Deus me vê". Em outra, escreveu uma carta para sua mãe consanguínea, que ainda estava encarnada:

Sei que a senhora nunca me entendeu. Mas hoje eu a entendo. Sei do medo que sentia por mim. Sei que queria me proteger. Sei que sua fé dizia que eu estava perdida. Mas eu quero que saiba... Eu nunca deixei de amá-la. E se um dia a senhora puder olhar para mim com os olhos de Deus, me verá inteira, sem sentir vergonha por eu ser como sou, sem dor. Apenas... Sua filha.

Essa carta, guardada em seu bloco de anotações, ainda seria entregue, em tempo oportuno, por intermédio de orientadores ao Plano Físico, como inspiração. A mãe receberia em forma de sonho a mensagem da filha.

Numa das tardes em que Bezerra de Menezes passava pelo Jardim das Magnólias, reencontrou-a. Estava sentada à sombra, escrevendo algo em seu pequeno bloco. Logo que ela o avistou, sorriu.

— Estou escrevendo cartas – disse. – Cartas para jovens que estão vivos na carne. Quero contar a eles que não estão sozinhos. Que existe um lugar onde o amor não exige explicações. Onde Deus não pergunta a quem amamos, mas como amamos.

Ele se aproximou, cativado, e disse:

— Estás fazendo o que os anjos fazem, Áurea: levando luz onde antes havia medo.

Ela corou, humilde.

— O senhor me deu palavras que salvaram minha alma, Doutor Bezerra. Eu só quero retribuir. Se uma garota ou um garoto deixar de se ferir porque leu uma dessas cartas, já valeu.

No ciclo seguinte de suas atividades, foi convidada a visitar uma escola espiritual de preparação de espíritos orientadores para jovens em conflito. Lá, pôde falar de sua trajetória, ainda breve, mas já transformadora. Seus relatos emocionaram não apenas outros jovens, mas também os instrutores espirituais, que viram ali o florescimento de uma servidora da luz.

Antes de partir, ela disse a Bezerra:

— Descobri que Áurea não é só meu nome. É também o nome da minha verdade. E agora eu posso vivê-la.

E seguiu caminhando entre flores, rumo a uma nova existência, onde o Céu não seria mais um lugar distante, mas uma experiência construída dentro do próprio coração.

9 O PERDÃO PARA UMA MÃE

A noite havia caído suavemente sobre o Plano terreno, e as luzes fracas da casa simples onde morava a mãe de Áurea mal espantavam as sombras do sofrimento interior. Sentada na beira da cama, com os olhos fixos em uma fotografia da filha ainda menina, dona Elvira deixava que as lágrimas escorressem sem resistência.

A culpa, como ácido poderoso, lhe corroía o ânimo. A dor pela morte de Áurea era acompanhada de um fardo insuportável: o peso de não a ter compreendido em vida.

"Será que fui eu?" – repetia mentalmente – "Será que minha rigidez matou minha filha?"

Por muitas noites seguidas, adormecia orando, mas suas preces não eram palavras de fé, e sim, súplicas de perdão. Não sabia exatamente a quem, mas implorava por respostas. E foi numa dessas noites, após orar em silêncio com o rosto enterrado nas mãos, que seu espírito, desprendido do corpo físico adormecido foi suavemente acolhido por benfeitores espirituais.

Bezerra de Menezes a esperava no limiar de uma colônia de repouso onde espíritos em desdobramento recebiam assistência. Quando seus olhos espirituais se abriram, ela o viu e ficou imóvel por um momento, como se não entendesse se estava viva ou morta.

— Dona Elvira, – ele falou com ternura – não tema. A senhora está bem. Seu corpo repousa, e sua alma veio buscar o consolo que tanto pediu.

Ela, confusa, levou a mão ao peito.

— Eu... Conheço o senhor? – murmurou.

— Talvez não em vida. Mas seu coração já me chamou. Sou Bezerra de Menezes, servidor de Jesus, como a senhora também é.

Suas pernas fraquejaram e sentou-se num banco que ali havia. Olhou ao redor, percebendo a beleza do lugar. Os perfumes das flores, os sons sutis, a brisa que tocava sua pele.

— Onde estou? – perguntou.

— Num ponto de encontro entre o céu que começa dentro de nós e o aprendizado que cura. Vim por causa de sua filha. E por sua causa também.

Ela cobriu o rosto com as mãos.

— Minha filha... Minha menina... Eu a perdi, Doutor. Ela se foi por minha culpa. Eu a julguei. Eu a rejeitei. Eu achava que estava protegendo-a de um erro... Mas, agora... Agora sei que fui eu quem errou.

Ele se aproximou e segurou as mãos daquela mãezinha sofrida.

— Nenhuma mãe está preparada para "perder" um filho, e nenhuma alma atravessa a vida sem erros. Mas o que a senhora sente não é culpa, é amor em conflito. É dor transformada em consciência. E essa consciência, quando orientada pela humildade, cura.

Ela chorava. Mas já não era o choro do desespero, e sim o do encontro com a verdade.

— Minha filha... Ela está bem? Ela me perdoa?

— Sua filha está sendo cuidada com carinho e dignidade. Está renascendo para a própria verdade. E sim, ela a perdoa, porque nunca deixou de amá-la. Mesmo quando silenciava a própria essência para agradá-la, ainda assim a amava.

Elvira calou-se. Seu coração doía, mas também se abria.

— Mas, Doutor Bezerra, por que eu fui tão cega? Por que tantos religiosos nos ensinaram que era errado ser diferente? Eu acreditei, achei que fazia o certo.

— Minha filha, a compaixão de Deus não tem religião. Jesus não perguntou aos que acolheu de onde vinham ou a quem amavam. Apenas os amou. Os homens, em sua limitação, muitas vezes confundem doutrina com condenação. Mas Deus... Deus é Pai, é Mãe, é Espírito de Amor.

Ela fitava o chão. Estava mergulhada em lembranças, mas suas vibrações tornavam-se mais leves.

— E agora? O que posso fazer por ela?

— Ore com amor verdadeiro. Permita que o arrependimento se transforme em aprendizado. Fale com outras mães. Conte sua história. Ensine que o amor vale mais que qualquer regra imposta. Seu testemunho pode salvar outras Áureas.

Ela assentiu com indizível emoção. E, pela primeira vez desde que Áurea partira, sorriu. Foi um sorriso tímido, mas verdadeiro.

Em silêncio, recordou cenas da infância de sua filha. Lembrou-se do sorriso largo de Áurea ao correr descalça no quintal; e da vez em que desenhou duas meninas de mãos dadas e disse que elas eram namoradas. Na época, Elvira havia repreendido com severidade. Agora, essas memórias vinham com um novo significado: sua filha apenas expressava quem era.

— Obrigada, Doutor Bezerra. Obrigada por cuidar da minha menina.

— Eu apenas a acompanhei. Quem verdadeiramente cuida de todos nós é Jesus.

Antes que retornasse ao corpo físico, ela ainda foi conduzida a um espaço onde pôde ver sua filha à distância. Áurea dormia serenamente, envolta em paz e serenidade. Elvira levou as mãos à boca, num misto de emoção e reverência. Não pôde abraçá-la ainda, mas algo se completou em sua alma. Uma enfermeira aproximou-se e disse-lhe:

— Quando o coração de uma mãe se cura a ponte entre dois mundos se fortalece.

Ao despertar na manhã seguinte, estava em lágrimas. Mas era diferente. Pela primeira vez em muito tempo, seu pranto não era de angústia, mas de paz.

Naquela mesma semana, procurou uma casa espírita indicada por uma antiga amiga. Não sabia exatamente por que estava indo, mas algo a guiava. Passou a frequentar reuniões, a estudar, a ouvir sobre reencarnação, sobre amor universal, sobre perdão. Pouco a pouco, dona Elvira deixou de ser apenas uma mãe em luto. Tornou-se uma mãe em missão. Certa noite, escrevendo em seu caderno, ela registrou:

"Hoje entendi que Deus não erra. Se me confiou *Áurea*, foi para que eu aprendesse a amar sem reservas. Ela não era minha para ser moldada, mas para ser acolhida. Agora, tudo o que faço é para que outras mães não precisem perder para compreender."

E Bezerra, de onde estava, agradeceu a Deus por mais um coração iluminado. Porque cada mãe curada é também um lar restaurado, e cada lar restaurado é um pedacinho do Céu plantado na Terra.

10

NINGUÉM É UM ERRO

Noutra ocasião, nova assembleia de suicidas se dispersava e Bezerra também se preparava para sair, mergulhado em profundas reflexões. Mas, antes que pudesse se afastar, percebeu um jovem à margem do auditório. Ele hesitava. Seus olhos, carregados de dor e um desejo silencioso de ser ouvido, cruzaram os olhos paternais do benfeitor.

— Posso falar com o senhor, Doutor Bezerra? - disse ele, em voz baixa, quase num sussurro.

Bezerra sorri e se aproxima com calma, convidando-o com um gesto para caminharem juntos. Eles se dirigem a um banco sob uma bela árvore no jardim da instituição. O jovem, de aparência frágil, parecia carregar séculos de sofrimento em seus olhos juvenis.

— Meu nome é Heitor – disse, abaixando a cabeça – E eu sou... Um suicida também. Mas, o meu caso foi diferente, ou talvez nem tanto.

Bezerra aguarda em silêncio, respeitando o tempo daquele coração aflito. Então, ele respirou fundo e continuou:

— Desde criança, meu pai colocava bebida nos meus lábios. Ele dizia que era brincadeira, que era só uma gotinha. Molhava o dedo no copo de cachaça e encostava na minha boca. Eu nem gostava do sabor, mas ele ria, e eu ria também, querendo agradá-lo. Com o tempo, eu fui pedindo mais. Ele achava graça. Aos onze, já tomava escondido. Aos treze, bebia com ele na sala, ouvindo os gritos da minha mãe.

Heitor fez uma pausa longa. Havia dor demais naquela recordação.

— Meu pai era um homem bruto. Trabalhava muito e bebia mais ainda. Quando não batia, gritava. Quando não gritava, sumia. E eu... Eu só queria ser visto por ele. Achei que bebendo como ele, eu seria aceito. Que ia ganhar o amor que nunca veio.

Aquela confissão tocava em camadas profundas do espírito. Quantos jovens carregam a herança emocional do vício sem sequer terem escolhido tal caminho?

— Fui me afundando, Doutor. Aos poucos, deixei de sentir fome, deixei de estudar. Só queria dormir, esquecer. Sentia dores no estômago, febre, cansaço. Mas a garrafa me fazia esquecer tudo. Só que, com o tempo, ela começou a cobrar.

A voz de Heitor tremia, mas não havia revolta. Havia um lamento que buscava redenção.

— Descobri tarde demais que meu fígado estava destruído. Cirrose, infecção, depois câncer. Tive internações, dores horríveis, até que, um dia, parei de resistir. Deixei que a doença me levasse. Eu sabia o que estava fazendo. Já não queria mais lutar. Já não via saída.

Fez-se um silêncio profundo entre eles, como se o universo também respeitasse aquele momento. Então, Bezerra falou com respeito e carinho:

— Meu filho, a estrada do vício raramente começa por vontade própria. Muitas vezes, ela é pavimentada pela dor, pela ausência, pela carência de afeto. Mas o Pai Celestial conhece o caminho de cada alma. E mais do que isso: Ele ama cada um dos seus filhos, não pelo que fizeram, mas por quem são em essência.

Heitor o olhou, esperançoso.

— Eu sou um erro, Doutor?

— De forma alguma. Você é um espírito em jornada, um viajante que tropeçou em pedras antigas, mas que agora se levanta para continuar. Seu corpo foi marcado, sim, mas sua alma tem valor imenso. E está sendo tratado como merece: com respeito e misericórdia.

Visivelmente emocionado, ele assentiu. E Bezerra prosseguiu:

— Há vínculos do passado que nos acompanham. Em sua história espiritual, já houve episódios marcados pelo abuso do álcool. Lesões gástricas e hepáticas acompanham sua trajetória há mais de uma existência. Esta última reencarnação foi uma tentativa de reconciliação, de cura, mas os obstáculos emocionais e familiares foram grandes demais.

Ele suspirou profundamente.

— Eu sentia que meu corpo já veio estragado... Desde criança, tinha refluxo, enjoo, mas ninguém via isso como sinal. E eu só queria colo. Só queria alguém que dissesse: "Está tudo bem. Você não precisa provar nada."

— Agora você terá esse acolhimento – Bezerra garantiu, com ternura – aqui, onde estás, há trabalhadores espirituais que entendem o vício como doença da alma. Serás tratado, reconfortado e, no tempo certo, convidado a recomeçar.

Nesse instante, um trabalhador espiritual chamado Irineu aproximou-se. Era um antigo enfermeiro em missão de auxílio a jovens intoxicados por vícios diversos. Seu olhar sereno transmitia confiança.

— Heitor, venha comigo – disse ele com voz calma – temos um quarto pronto para você voltado para uma área ajardinada e um espaço de meditação. Mas principalmente, terás nosso carinho e muita paciência.

O jovem olhou para Bezerra uma última vez antes de seguir com Irineu.

— Obrigado, Doutor Bezerra. Obrigado por me ouvir. Eu precisava tanto ser escutado sem ser julgado!

— E sempre será, meu filho. O ouvido de Deus nunca se fecha para os que clamam por amor.

Ele se afastou, e Bezerra ficou ali, em silêncio, meditando sobre as almas feridas em busca de redenção: Quantos Heitores há no mundo? Quantos filhos estão sendo iniciados no cálice do sofrimento ainda na infância, sob o olhar negligente ou cego de adultos igualmente feridos?

Mas há esperança. E enquanto houver almas dispostas a ouvir, a compreender e a estender a mão, sempre haverá um caminho de volta. Jesus continua sendo o Médico das Almas. E a cada jovem resgatado, um novo capítulo de amor é escrito no grande livro da eternidade.

11 A CULPA POR COMPANHEIRA

A chuva fina escorria pelas telhas quebradas da pequena casa onde vivia Marta, mãe de Heitor. No interior do lar, antes preenchido pelas vozes e passos do filho, agora ecoava um silêncio opressivo. Havia garrafas vazias sobre a pia, roupas emboladas num canto da sala e um retrato já envelhecido de Heitor e alguns amigos, que o jovem fazia questão de ter sobre um móvel, agora coberto de poeira.

Marta sobrevivia, mas deixara de viver desde a partida do filho. O casamento, já arruinado por anos de convivência com um marido alcoólatra e agressivo, desfez-se pouco antes da tragédia. Ele fora embora sem se despedir. Ela ficou com a dor, com as lembranças e com os lamentos.

A culpa era uma companheira constante. "Se eu tivesse feito diferente"... "Se eu tivesse protegido mais"... "Se eu não tivesse me calado". Esses pensamentos a assolavam todas as noites. Nos raros momentos de lucidez, percebia o quanto havia adoecido emocional e espiritualmente. Mas logo voltava à fuga no álcool, o mesmo caminho que consumira Heitor.

Foi nesse cenário sombrio que Bezerra de Menezes se aproximou. Marta ainda não tinha consciência espiritual suficiente para percebê-lo, mas o coração dele sentia seu apelo silencioso. E em nome de Jesus, ele pediu aos benfeitores que auxiliassem aquele lar.

Com a permissão divina, a equipe de Bezerra inspirou uma antiga vizinha a convidá-la para conhecer uma igreja evangélica, onde havia um grupo sincero de fiéis. No primeiro convite, ela recusou. Mas algo em seu íntimo a inquietou. Num segundo momento, ela aceitou.

Chegou tímida, trêmula, envergonhada. Sentou-se nos fundos do templo simples, cujas paredes brancas refletiam a luz tênue do fim da tarde. O pastor, homem de alma sensível e coração aberto ao Espírito, iniciava o culto com uma prece. Bezerra estava presente, e pela sintonia que ali se formava, pôde, com a autorização superior, inspirar o pregador. Em dado momento, ele interrompeu a leitura bíblica e, com os olhos úmidos, disse:

— Há entre nós alguém que está em grande sofrimento... Alguém que perdeu um filho e se pergunta se haverá perdão, se haverá céu para alguém que se foi em tanta dor. O Senhor manda dizer: "Filha, existe um céu para todos os Meus filhos. A Minha misericórdia não conhece limites. Nenhuma teologia, nenhuma doutrina humana é capaz de medir o alcance do Meu amor".

Marta, que ouvia de cabeça baixa, sentiu-se tomada por um calor inexplicável. Seu coração disparou, e as lágrimas brotaram como nascente represada por muitos anos. Aquela fala parecia ter sido direcionada diretamente a ela.

O pastor continuou:

— Deus recolhe os caídos, cura os feridos, e guarda cada mãe que chora como joia preciosa. Seu filho não está esquecido. E você será curada, filha. Jesus está contigo.

Marta caiu em prantos. Aquela noite marcou o início de uma transformação. Não foi imediata, mas foi real. Aos poucos, passou a frequentar os cultos. Sentia-se acolhida. As músicas lhe falavam à alma. As leituras bíblicas, especialmente sobre perdão e restauração, encontravam eco em seu coração machucado.

Inspirada espiritualmente passou a recusar o álcool. Um dia após o outro, foi limpando a casa, organizando o ambiente e abrindo as janelas para o sol entrar. Começou a escrever pequenas orações num caderno velho em que anotava receitas como forma de conversar com Deus. Um desses escritos dizia:

"Deus, eu não sei orar como os outros. Mas o Senhor sabe que minha dor é grande. Eu só espero abraçar meu menino de novo no Dia do Juízo Final, que ele me perdoe e juntos possamos ir para o céu, viver eternamente em Tua presença".

E foi essa oração, carregada de sinceridade, que lhe abriu uma nova porta. Numa noite de sono profundo, quando o corpo descansava, seu espírito foi suavemente desprendido e conduzido a uma colônia espiritual de recuperação. A brisa suave, o aroma agradável e a música sutil que vibrava no ar tocaram sua alma como se fosse um abraço divino.

Bezerra de Menezes a esperava. Quando o viu, instintivamente levou as mãos ao peito, como se o reconhecesse.

— Doutor... Bezerra? – arriscou.

Ele assentiu com um sorriso afetuoso.

— Marta, o seu amor e a sua dor chegaram até nós. Jesus me permitiu estar aqui para te trazer uma resposta: teu filho está vivo. E ele te ama.

Ela caiu de joelhos, tomada por um choro convulsivo, mas não de desespero. Era alívio, esperança, reencontro.

— Ele... Ele está bem? Ele ainda lembra-se de mim?

— Mais do que isso. Ele deseja profundamente que você se cure, que se perdoe. Heitor tem recebido cuidados especiais. Está se reeducando, se fortalecendo. E hoje, com a permissão do Alto, você poderá vê-lo.

Ele acompanhou Marta até um espaço rodeado por árvores e flores de tonalidades suaves. Ao centro, havia um banco onde Heitor, ainda em recuperação, repousava sob a supervisão de amigos espirituais. Quando sua mãe se aproximou, ele ergueu os olhos e a reconheceu.

— Mãe... Disse, com a voz embargada.

Marta correu até ele, mas os mentores gentilmente a contiveram. Ainda não era possível o toque. Mas os olhares, esses se abraçaram.

— Filho, me perdoa... Soluçou ela.

— Eu já lhe perdoei há muito tempo, mãe. Eu só queria que você fosse feliz. Que vivesse por nós dois. Agora eu sei que a vida continua. E eu vou me curar. E você também vai.

Ficaram ali por instantes que pareciam eternos, em silêncio sagrado. Quando foi hora de partir, Marta foi levada de volta ao seu corpo físico, que repousava sereno em sua cama. Ao despertar, algo havia mudado. Não apenas por dentro, mas também no olhar, na voz, no gesto.

Ela voltou a escrever em seu caderno de receitas:

"Hoje eu vi o céu através de um sonho. E o céu tinha o rosto do meu filho me dizendo para viver. Eu vou tentar. Um dia de cada vez. Porque agora eu sei que Deus não desiste de ninguém".

E Bezerra de Menezes, mais uma vez, agradeceu a Jesus. Porque onde houver uma mãe em prece, haverá sempre uma resposta do Céu.

12

A MENINA QUE NÃO QUIS VIVER

O coração materno estava inconsolável. Alguns meses haviam se passado desde a tragédia, mas a dor permanecia viva, latejante, como ferida aberta que se recusa a cicatrizar.

Todas as noites, Adriana, a mãe da pequena Joana, revivia a cena do corpo da filha estendido no chão, como um anjo caído do céu. A imagem do vestido branco manchado de sangue, os cabelos espalhados sobre o concreto frio, os olhares das pessoas horrorizadas, tudo se repetia, em detalhes, como uma maldição insuportável.

A menina tinha apenas oito anos. Era de uma beleza delicada e um silêncio profundo. Para quem a conhecia apenas superficialmente, parecia tímida. Mas os que conviviam mais de perto percebiam que havia nela uma melancolia intensa, incompreensível para uma criança tão pequena.

Desde muito cedo, Joana demonstrava um olhar distante, como se estivesse sempre contemplando algo que os outros não viam. As brincadeiras que gostava envolviam solidão: montar quebra-cabeças sozinha, desenhar meninas tristes em folhas brancas de um caderno de desenho, ouvir músicas lentas, de tons menores.

Por diversas vezes, fora levada a psicólogos. Recebeu carinho, brinquedos, palavras. Mas, ainda assim, sua alma parecia talhada para a tristeza. Adriana fez tudo que pôde. Mudou de escola, dedicou mais tempo, buscou grupos de apoio, tentou encontrar a chave para abrir o sorriso da filha. Mas Joana, ainda que nunca dissesse com palavras, parecia carregar um peso ancestral, como se algo dentro dela pedisse perdão ou silêncio.

Naquela tarde nublada, o mundo de Adriana desabou. Joana caiu do décimo quinto andar do prédio onde moravam. A perícia investigou o caso com cuidado. Não havia sinais claros de acidente. Não havia bilhete, mas também não havia indícios de empurrão, de violência externa. Cogitou-se a possibilidade de suicídio infantil, uma ideia que chocava a todos, mas que não podia ser descartada.

Desde então, a vida se tornou um deserto. Em busca de respostas, Adriana passou a percorrer consultórios, igrejas, terapeutas, líderes religiosos. Mas nada aliviava a dor. Alguns apontavam o dedo, outros diziam que era um castigo, outros apenas se calavam. Até Deus, em certos momentos, foi responsabilizado por sua dor.

Até que, em uma noite de desespero silencioso, Adriana abriu a gaveta da escrivaninha e encontrou, entre cadernos antigos de Joana, um bilhete que nunca tinha lido. Era uma folha com um desenho simples: duas figuras se abraçando sob um céu estrelado. E abaixo, em caligrafia infantil, estava escrito: "Eu queria voltar para casa".

Foi então que, pela primeira vez em muito tempo, Adriana orou. Não com palavras ensaiadas, mas com o coração nu, desfeito, entregue.

— Jesus... Se o senhor me escuta... Se ainda há um lugar onde a minha Joana possa estar... Me diga, por favor... Existe um céu para ela?

A prece atravessou os Planos como flecha de luz. E, pela permissão de Jesus, Bezerra se aproximou. Naquela mesma noite, o espírito de Adriana foi desligado do corpo físico durante o sono. Guiada por benfeitores, foi conduzida a um espaço sereno, cercado por árvores que pareciam feitas de energias acolhedoras e canteiros de flores que exalavam paz.

Bezerra a esperava. Quando seus olhos espirituais se abriram, ela não compreendia onde estava, mas reconheceu a atmosfera de amor.

— Adriana, sua dor chegou até nós. E sua filha, sua pequena Joana, está a salvo.

Ela levou as mãos ao rosto, em pranto.

— Mas... Ela... Ela se jogou? Ela queria morrer? Ela não aguentava mais estar aqui comigo?

— Minha filha – ele respondeu com ternura – a alma de Joana é antiga. E muito sensível. Trouxe consigo marcas espirituais de outras vidas, onde enfrentou perdas, abusos e rejeições. Sua última encarnação foi um reencontro com a esperança, mas os traumas afloraram desde cedo. Sua estrutura emocional estava fragilizada. Ela não tinha consciência plena do que fazia. Apenas sentia um chamado interno para voltar.

Adriana chorava em silêncio. E ele continuou:

— A Lei de Deus é justa e misericordiosa. Joana não foi julgada, foi acolhida. Está num núcleo de crianças que passaram por experiências semelhantes. Recebe cuidados diários de espíritos de mães, pedagogos espirituais, e terapeutas da alma. Está se recuperando. Lentamente, sim, mas com amor.

— Eu posso vê-la? – sussurrou Adriana.

— Sim, mas de forma breve. Seu coração ainda está muito ferido, e ela ainda se recompõe. Mas esse encontro será bálsamo para ambas.

Ele conduziu Adriana por um corredor iluminado e depois por uma pequena alameda. Ao final, uma pequena edificação branca, com janelas largas e canções suaves ecoando. No jardim, crianças brincavam serenamente. E entre elas, Joana.

Vestia um vestido lilás e segurava um caderno de desenhos. Quando viu a mãe, seus olhos se iluminaram. Parou por um instante, mas não correu. Apenas sorriu. Um sorriso que Adriana não via há muito tempo.

— Mamãe... Disse com doçura.

— Minha filha... Perdoe-me. Eu não entendi sua dor. Eu... Eu tentei. Mas fui cega demais, surda demais...

— Eu sei que tentou, mamãe. Eu sentia seu amor. Só não conseguia explicar o que doía, mas agora, estou aprendendo. Estou melhorando.

Adriana ajoelhou-se no chão, em reverência, em entrega, em gratidão. Sabia que não poderia abraçá-la ainda, mas o olhar, o sorriso, a paz no rosto da filha bastavam para curar mil feridas.

Ao retornar ao corpo físico, Adriana despertou com o rosto molhado pelas lágrimas, mas com uma serenidade que não sentia desde a tragédia. Numa fração de segundos, julgou ter imaginado tudo. Mas, não, definitivamente era a sua Joana com seu caderninho de desenhos, o vestido lilás – sua cor predileta – a voz, o jeito de falar, tantos detalhes só seus...

Decidiu buscar auxílio. Iniciou um tratamento espiritual e psicológico. Começou a escrever sobre Joana, sobre as crianças sensíveis, sobre o amor que ultrapassa a morte.

E Bezerra, em silêncio, agradeceu a Jesus mais uma vez. Porque até mesmo para as almas mais frágeis, há um Céu. Um Céu feito de compreensão, de recomeços e de amor eterno.

13 PARTIU "CEDO DEMAIS"

O auditório principal da Colônia da Esperança estava repleto. Ali se reuniam espíritos de mães e pais que haviam passado pela dor dilacerante de "perder" um filho. Alguns estavam desencarnados, em busca de reencontro com os que partiram cedo demais. Outros, em desdobramento espiritual durante o sono físico, eram conduzidos por benfeitores até aquele espaço de consolo e aprendizado.

A atmosfera era de reverência. Havia flores discretas nos corredores e uma luz suave que emanava do teto abobadado. O magnetismo daquelas presenças, unidas pela dor comum, criava uma ambiência de sensibilidade profunda. Quando Bezerra de Menezes adentrou o salão percebeu nos olhares o mesmo pedido silencioso: "Doutor Bezerra, diga-nos... Por quê?"

Ele se aproximou do púlpito com humildade e carinho. Não havia pompa, apenas serviço. Respirou fundo e iniciou:

— Meus irmãos e irmãs... Filhos do mesmo Pai... Eu não trago todas as respostas, porque nem tudo pode ser compreendido em um único instante. Mas trago o que Jesus nos permitiu oferecer: consolo e esperança.

Ele viu os olhos se voltarem para ele. Alguns marejados. Outros secos de tanto chorar.

— Hoje falaremos sobre as mortes prematuras. Tema difícil, eu sei. Nenhum pai, nenhuma mãe, concebe a ideia de enterrar um filho. Parece contra a natureza da vida. E quando isso ocorre, o coração se rasga e pergunta: "Onde está Deus?" Por que seu ente amado partiu cedo demais?

Ele faz uma pausa, para que a dor pudesse respirar.

— *O Evangelho Segundo o Espiritismo*, em seu capítulo 5, no item Mortes Prematuras, nos ensina: Por que Deus tira da Terra esses seres que ainda não fizeram o mal e que apenas tinham passado por alguns sofrimentos? A morte, para eles, não é um castigo. Os que partem jovens não são vítimas da fatalidade, mas protegidos da corrupção do mundo. [...] Deus permite que eles não passem por todas as provas.

Houve um murmúrio de comoção no ambiente. Muitos reconheciam esse trecho. Mas poucos o haviam entendido com o coração.

— Filhos do meu coração, a vida de um espírito não se mede pela duração de sua estadia na Terra. Às vezes, bastam poucos anos, ou até meses, para que uma alma cumpra aquilo a que veio. O tempo terreno não é o mesmo tempo da alma. Há espíritos que renascem apenas para resgatar um elo, para suavizar um passado, ou para oferecer amor e partir, deixando em nós sementes de transformação.

Um pai ergueu discretamente a mão. Era um espírito desencarnado, com semblante sofrido.

— Doutor... Meu filho nasceu com uma doença degenerativa. Viveu só três anos. Por quê? Que sentido há nisso?

Bezerra sorriu com ternura e respondeu:

— Talvez seu filho tenha vindo para curar. Não o corpo, mas o coração de vocês. Talvez, em outra vida, tenha sido causa de sofrimento. E nesta, em apenas três anos, veio ensinar sobre entrega, sobre compaixão, sobre o valor do instante. Quem ama, nunca parte em vão.

Alguns olhos se fecharam em meditação. Outros se abriram em lágrimas.

— Sei que não é fácil. Nenhuma mãe deveria ver o caixão pequeno. Nenhum pai deveria escolher a roupa de despedida de um bebê. Mas precisamos confiar: Deus não tira, Deus recolhe. E quando recolhe, é para proteger, não punir.

As vibrações se elevaram, e Bezerra aproveitou o momento para prosseguir:

— Há também aqueles que partem na juventude. Que levam consigo sonhos, amizades, planos... Mas saibam: muitos deles estavam em missões curtas. Outras vezes, partiram pelas escolhas que fizeram, mas mesmo assim, não estão sós. Jesus não desiste de nenhum dos seus.

Nesse momento, ele inspirou profundamente e estendeu as mãos, dizendo:

— Permitam-me agora fazer uma oração. Não uma prece apenas, mas um laço entre os Planos, um abraço entre corações.

Todos se uniram em pensamento. E ele orou:

Senhor da Vida, Pai e Mãe de infinita bondade, A Ti elevamos nossas almas marcadas pela saudade.

Receba, Senhor, nossos filhos e filhas que voltaram mais cedo, acolhe os que chegaram ao Teu Reino com lágrimas em seus olhos e esperança em suas almas.

Consola os corações enlutados, renova os pais que ainda perguntam: por quê? Ensina-nos que não há separação eterna, E que o amor vence a morte.

Ajuda-nos, Jesus, a aceitar o que não compreendemos; a amar mesmo diante da ausência, a seguir mesmo com o coração ferido.

Guarda, Senhor, cada criança, cada jovem, cada espírito renascido que regressou ao lar espiritual. E ensina-nos que a saudade é também uma forma de amar.

Que Tua paz envolva os lares e os corações. Que o Céu nos visite em forma de esperança. E que, quando o momento chegar, possamos reencontrar nossos filhos nos Teus braços.

Assim seja.

A prece pairou sobre todos como névoa luminosa. Bezerra via mães abraçadas em pranto. Pais de mãos dadas. Espíritos em processo de cura. Encarnados que, ao acordarem, não se lembrarão conscientemente da palestra, mas trarão no coração um alívio inexplicável.

— Meus filhos, lembrem-se: há um Céu para cada filho. E há um reencontro para cada separação. A saudade é uma ponte. E o amor, essa estrada que nunca termina.

Ele desceu do púlpito em silêncio. E antes de sair, olhou para o auditório. Nele, não havia apenas dor. Havia esperança. E onde há esperança, ali também está Jesus.

14
BREVES REENCONTROS

Após a palestra, o auditório da colônia espiritual permaneceu envolvido em uma atmosfera de doce comoção. As palavras de Bezerra de Menezes vibravam ainda nos corações como acordes de consolo e esperança. Um a um, os pais e mães ali presentes, tanto encarnados em desdobramento, quanto desencarnados foram sendo orientados pelos mentores da colônia.

Nem todos estavam prontos para reencontros. Alguns ainda precisariam de tempo, amparo, elucidações. Mas àqueles cujos corações já haviam se acalmado o suficiente, foi concedida uma bênção rara: visitar, em espírito, seus filhos amados. Não por capricho emocional, mas por profunda misericórdia divina. Seriam encontros breves, cuidadosamente preparados, mas eternamente inesquecíveis.

O primeiro reencontro foi o de Cláudio, um pai que havia perdido seu filho Lucas, de apenas 9 anos, num atropelamento trágico na porta da escola. Cláudio, homem simples e sensível, mergulhara em uma tristeza silenciosa após a perda.

Já desencarnado, buscava respostas havia anos. Frequentador dos estudos na colônia, ele havia aprendido que o amor não morre e que, um dia, o reencontro viria.

Naquela tarde, um mentor o conduziu por um caminho arborizado, onde as folhas pareciam cantar ao vento. À medida que caminhava, seu coração se acelerava.

— Ele está perto? – perguntou.

— Já pode vê-lo. – respondeu o mentor.

E ali, entre árvores frondosas e um campo de flores lilases, Lucas surgiu correndo, exatamente como Cláudio se lembrava. Usava a camiseta com o símbolo do time que tanto amava. Ao vê-lo, Cláudio caiu de joelhos, as mãos cobrindo o rosto em emoção incontida. Lucas correu e o abraçou com tanta força que até o tempo pareceu parar.

— Papai! Eu sabia que o senhor viria!

Cláudio chorava, beijando o rosto do menino, sentindo o perfume de infância que julgava ter esquecido.

— Perdoe-me, meu filho... Por não ter estado lá... Por não ter conseguido te proteger...

— Pai, o senhor me ensinou a amar, a ser bom, a respeitar os outros. E isso me trouxe até aqui. A culpa não precisa mais morar no seu peito. Eu estou bem!

A despedida foi serena, com promessas de reencontro. E Cláudio retornou mais leve, com o coração selado pelo abraço que a morte não impediu.

O segundo reencontro foi de Ana Teresa, uma mãe encarnada que, durante o sono físico, foi levada à colônia. Sua filha Bia, que desencarnara aos 17 anos por leucemia, era um espírito adiantado, e participava como auxiliar nas alas infantis do Instituto de Recuperação Espiritual. O reencontro, no entanto, havia sido adiado por algum tempo, até que a mãe estivesse pronta para compreendê-lo com equilíbrio.

Daquele dia em diante, Ana Teresa começou a ter sonhos mais calmos, pressentindo que algo estava por vir. E veio. Ela foi conduzida a um jardim em forma de espiral, onde crianças e jovens brincavam com liberdade e alegria. Sentada à sombra de uma árvore, Bia esperava. Ao ver a mãe, levantou-se devagar. Ana Teresa reconheceu-a imediatamente e gritou, como se o tempo não tivesse passado.

— Filha!

— Mãe!

O abraço foi longo, silencioso, carregado de tudo que não pôde ser dito nos corredores do hospital de onde Bia partira. Ana Teresa passava as mãos pelos cabelos da filha, e dizia, entre lágrimas:

— Eu queria ter feito mais... Eu queria ter ficado no seu lugar...

— Mamãe, eu vim primeiro. Mas você ainda tem seu tempo. Tem o papai, o mano, a missão que Deus confiou. Eu estou feliz aqui. Cuidando de crianças que, como eu, vieram mais cedo.

Elas se sentaram e, por alguns minutos, mãe e filha conversaram como se fosse um domingo comum no sofá da casa antiga. Ao final, Bia lhe disse:

— Sempre que o sol tocar seu rosto é o meu beijo chegando aí.

O terceiro reencontro foi, talvez, o mais comovente. Seu Benício, homem idoso e de olhar sereno, fora avô e pai ao mesmo tempo. Criara o neto Tiaguinho desde os três meses de idade, após os pais do menino o abandonarem em meio a dificuldades. A ligação entre ambos era tão profunda quanto calma, tranquila. Viviam juntos em uma casa pequena, compartilhando histórias, pães com manteiga e os programas de auditório da TV.

Mas um dia, quando o menino tinha apenas 12 anos, um aneurisma o levou de forma repentina. Seu Benício, já idoso, não suportou a dor. Passou os últimos anos da vida em tristeza profunda, mal comia, mal sorria. Quando desencarnou, trazia no peito a pergunta: "Onde está meu Tiaguinho?"

Depois da palestra, Seu Benício, já há algum tempo em recuperação espiritual, foi conduzido por Bezerra de Menezes a uma clareira idealizada especialmente para encontros entre almas afins.

— O senhor tem esperado muito – disse Bezerra. – E ele também.

No centro da clareira, com as mãos nas costas e um boné torto, estava Tiaguinho, o mesmo olhar sapeca de antes.

— Vô?

— Tiago!

E aquele senhor caiu de joelhos, soluçando, abraçando o neto como se fosse a primeira e última vez ao mesmo tempo.

— Eu fiquei com medo de não te achar, meu filho... De não ter sido bom para você...

— Vô, o senhor foi o melhor pai do mundo. Eu te esperei. Sempre soube que o senhor viria.

Ficaram sentados juntos, em silêncio, os braços entrelaçados, como nos fins de tarde em que assistiam ao céu mudar de cor na varanda.

Quando os reencontros cessaram e os campos espirituais voltaram ao silêncio, Bezerra recolheu-se à varanda do Instituto onde costumava orar ao final de dias marcados por grande emoção. Ali, envolvido pela luz suave da colônia, seus pensamentos se voltaram ao Pai de Amor. Ainda sentia em sua alma o calor daqueles abraços. O olhar de Cláudio, finalmente pacificado nos olhos do filho; o reencontro de Ana Teresa e Bia, envoltas em ternura como se a leucemia jamais tivesse passado entre elas; e o toque de Tiaguinho nas mãos enrugadas de seu avô, tão cheio de gratidão e vida:

Quantas dores recolhe a alma humana por não compreender os caminhos de Deus? Quantas vezes o amor resiste à morte, mas se curva diante do tempo, da saudade e da culpa?

Ele se recordou das próprias dores na Terra. Das vezes em que a ciência falhava diante do pranto de uma mãe. Das noites em que entregava corpos à sepultura, mas orava para que as almas não se entregassem ao desespero.

Lembrou-se dos anos em que compreendia, com esforço, que o médico alivia a carne, mas é o consolo espiritual que cura a alma.

Os pais ali presentes – encarnados e desencarnados — representavam milhares, milhões de outros. Alguns ainda vagam nas sombras da incompreensão. Outros oram no silêncio do lar, esperando respostas que parecem não vir. Mas ali, naquela tarde de reencontros, o Céu respondeu.

A morte física, tão temida e incompreendida, não é castigo. É etapa. E os que partiram antes do que esperávamos, não estão perdidos, apenas adiantaram seus passos. Às vezes retornam para reajustes rápidos, outras vezes, são resgatados de provas mais duras. Há os que vêm para ensinar pelo amor. Outros, pela saudade que despertam, mas todos, absolutamente todos, são cuidados. Nenhum filho está esquecido nos braços de Deus.

Bezerra refletia ainda quando um irmão espiritual se aproximou, e disse:

— Os reencontros de hoje fortaleceram muitos. As feridas estão sendo tratadas com o bálsamo da esperança.

— Sim. – respondeu com gratidão – E é isso que nos mantém em marcha. A certeza de que o amor verdadeiro jamais se perde. De que nenhuma dor é em vão. E de que, por mais longa que seja a noite, sempre chega o dia.

Ele permaneceu ali mais um tempo, orando por todos os pais e mães do mundo. Os que já reencontraram seus filhos. Os que ainda esperam. Os que os têm nos braços e os que os guardam na memória. Porque todo amor de pai e mãe é espelho do amor do Criador. E todo reencontro é promessa cumprida do *Evangelho*.

Antes de dirigir-se ao trabalho seguinte, Bezerra elevou uma prece silenciosa, mas sentida:

Senhor da Vida, que conhece as dores secretas dos corações humanos, acolhe cada lágrima que desce pelo rosto de uma mãe em luto, cada suspiro de um pai que busca consolo.

Permita, Pai, que mesmo na ausência, o amor continue. Que mesmo na dor, a esperança floresça. E que os reencontros prometidos sejam faróis para os que ainda caminham.

Ensina-nos que a vida é imortal, e que os braços que hoje estão vazios se encherão novamente com os filhos da alma. Porque teu Céu, Senhor, é feito de reencontros. E o amor... O amor é a estrada que nos leva até lá.

15 GABRIEL, DOWN E A MÚSICA

A noite caía mansa sobre a cidade. No pequeno apartamento do oitavo andar, a luz tênue da cozinha permanecia acesa. Sobre a mesa, duas xícaras de porcelana permaneciam intocadas, ao lado de um prato com fatias de bolo.

No centro da sala, uma moldura com a fotografia de um jovem sorridente chamava atenção. Os olhos puxados, os cabelos negros penteados com cuidado, o semblante puro. Era Gabriel, aos dezoito anos, ao lado da mãe, Silvana, sorrindo como se o mundo inteiro coubesse naquele instante.

Silvana vivia agora um luto sem nome. Não conseguia usar a palavra morte para se referir ao filho. Dizia apenas: desde que o Gabriel se foi... E então o silêncio tomava conta da frase.

Gabriel era seu único filho. Diagnosticado com síndrome de Down ainda no ventre, foi recebido com lágrimas, sim, mas lágrimas de promessa. Silvana, mãe solo, jurara ao céu que daria a ele o melhor que tivesse: tempo, amor e música.

Nos primeiros anos, ela ouviu de muitos que sua vida se tornaria um fardo. Havia quem sugerisse internação em clínica psiquiátrica, expressando desconhecimento do assunto; outros indicavam escolas especiais com um tom de exclusão. Mas, Silvana insistiu: Gabriel seria criado com dignidade, como qualquer outra criança. Com mais cuidado, talvez, mas nunca com menos amor.

Desde pequeno, ele gostava de sentar-se ao lado da mãe no sofá e ouvir música. Em vez de desenhos animados, pedia para que ela colocasse óperas e sinfonias. Tinha predileção por música barroca.

Aos quatro anos, ainda com dificuldades de fala, conseguia dizer o nome de Bach com clareza. Aos cinco, reconhecia instrumentos. Aos sete, conseguia identificar se a música estava em tom maior ou menor. Silvana ria disso:

— Um maestro disfarçado de anjo.

Os dois tinham uma rotina cheia de rituais. Às terças, iam à biblioteca. Aos sábados, ao parque. Às sextas, faziam jantares temáticos. Às vezes, a mesa era inspirada em Paris, com toalha xadrez e música francesa. Outras vezes, Viena, com strudel de maçã e Mozart ao fundo. Era nesses detalhes que Gabriel se deleitava. E Silvana também.

Viviam um para o outro. Eram cúmplices de um amor que só quem conhece o cuidado de uma mãe por um filho especial pode compreender. À medida que Gabriel crescia, o vínculo só se fortalecia. Ele gostava de fazer cartões para a mãe. Em cada um havia sempre a mesma frase, escrita com letras grandes e coloridas: "Você é o meu céu, mamãe". Silvana guardava todos, como relíquias.

Gabriel adorava música clássica. Sabia distinguir Beethoven de Chopin, encantava-se com Vivaldi, dançava com alegria ao som de Tchaikovsky. Silvana dizia que seu filho ouvia com a alma. E era verdade. Desde pequeno, emocionava-se ao som do piano. A cada acorde, ele fechava os olhos e sorria como quem visitava lugares que só ele conhecia.

Era sábado, dia de concerto. Gabriel mal conseguia conter a empolgação. Usava terno, gravata borboleta e insistiu para que a mãe também se vestisse com elegância. Na estrada, porém, a tragédia. Um motorista embriagado invadiu a contramão e o grave acidente aconteceu. Silvana sobreviveu com ferimentos leves, mas Gabriel partiu na hora.

Desde então, os dias eram pesados. Silvana, que sempre fora de fé firme e sorriso constante, arrastava os passos. Dormia pouco, comia mal. E, no fundo, questionava o próprio Deus: por que levar alguém tão puro? Por que seu filho? Por quê?

Na colônia espiritual foi registrado o pedido. Um clamor mudo vindo do coração de uma mãe. Silvana não orava com palavras, mas seu espírito gritava por consolo. Os que a acompanhavam espiritualmente já haviam tentado diversos recursos de inspiração e amparo, mas aquela dor precisava ser acolhida com mais do que intuição, precisava de encontro.

Bezerra de Menezes acompanhou o espírito protetor de Silvana, de nome Evelina, uma amiga espiritual que a amava desde antes da encarnação. Eles se aproximaram com o desejo de acolher, no momento em que Silvana, no sofá, folheava um caderno de música de Gabriel. Ela adormeceu com ele nos braços. E naquele momento a ação do Plano Maior foi permitida.

Silvana despertou em espírito. Estava num campo de girassóis. O céu tinha tonalidade âmbar e o vento cantava como flautas em meio às flores. Evelina, em vestes claras, apareceu diante dela.

— Silvana... Venha comigo. Há alguém que deseja vê-la.

Silvana não questionou. Apenas aceitou e seguiu. O coração disparava. Algo em seu íntimo dizia que aquele não era um sonho comum.

Elas foram conduzidas a um grande salão, cujas paredes eram feitas de vidro e luz. No centro, um piano de cauda branco e, sentado diante dele, um jovem tocava com os olhos fechados. A melodia era conhecida: o segundo movimento da *Sonata ao Luar*, de Beethoven.

Silvana levou as mãos à boca, em choque.

— Gabriel...

O jovem parou de tocar. Abriu os olhos. Sorriu.

— Mãe...

Ela correu. Abraçou-o como se quisesse fundir corpo e alma. Chorava com o rosto colado ao peito do filho.

— Meu filho! Meu Gabriel! – repetia, como se o chamasse de volta à vida.

Gabriel a envolveu com serenidade. Seu rosto tinha os mesmos traços, mas irradiava uma luz diferente. A limitação intelectual desaparecera. Sua fala era clara, sua postura altiva. Silvana o observava, maravilhada.

— Você está... Diferente...

— Estou livre, mamãe. Meu corpo tinha a missão de me ensinar. E eu aprendi tanto com você, também...

Ela chorava ainda mais.

— Eu que aprendi, meu filho. Eu que te devo tudo. Me perdoa por ter duvidado de Deus.

Gabriel sorriu e a conduziu até um banco de madeira próximo. Sentaram-se.

— Mãe, eu pedi para nascer como nasci. Meu espírito precisava sentir o mundo de outro jeito. Precisava desenvolver a paciência, a humildade, a entrega. E a senhora foi meu céu. Não houve dor. Eu fui amado todos os dias. E agora, posso retribuir.

— Mas eu sofro tanto, Gabriel... Por que tão cedo? Por que assim?

— Porque agora é tempo de você viver por você. De doar esse amor para outras mães que não sabem o que fazer com os filhos especiais. Há tantas crianças que ainda não encontraram o colo que eu tive... E você pode ser esse colo para elas.

Silvana entendeu. Sentiu. Uma nova luz acendeu-se em seu peito. Gabriel a abraçou mais uma vez.

— Sempre que ouvir música clássica, eu estarei por perto, escutando com você.

Ao retornar ao corpo físico, Silvana acordou com lágrimas nos olhos. Mas, desta vez, eram lágrimas doces. Olhou para o piano no canto da sala. Abriu-o. Tocou, com os dedos trêmulos, a primeira nota da sonata que ouvia com o filho. A música voltava a ecoar.

Dias depois, inscreveu-se como voluntária em um projeto que atendia crianças com deficiência intelectual. O amor que Gabriel recebera agora se espalhava.

Na condição de servidor do Cristo, Bezerra pôde testemunhar aquela noite de reencontro. Ele agradeceu ao Pai por mais um capítulo da compaixão infinita. E, profundamente emocionado, disse:

— Deus tem um céu para cada filho, mas às vezes, esse céu começa no colo de uma mãe.

16
O CHORO DA MÃE ESPÍRITA

O salão estava cheio, mas o vazio em seu peito era ensurdecedor. O som do Evangelho sendo lido, os comentários sobre a vida após a morte, as preces harmoniosas, tudo parecia ecoar em um espaço dentro dela onde nada mais fazia sentido. Helena, sentada na última fileira do Centro Espírita que frequentava havia anos, mantinha o semblante sereno. Era conhecida pela sua disciplina, pelo seu amor à Doutrina, pelas mensagens que costumava levar aos enfermos. Todos a respeitavam como uma mulher de fé inabalável.

Havia dois meses que perdera sua filha, Manuela, de sete anos, vítima de uma meningite fulminante. Em menos de 48 horas, a menina, que corria pela casa cantando músicas do Evangelho e que desenhava anjinhos, partiu, deixando Helena e o marido mergulhados em um silêncio sepulcral.

Helena, porém, não chorou. Desde o velório, reprimiu as lágrimas. Recebeu os abraços e palavras de consolo com um sorriso triste, mas não se permitiu desmoronar.

"Sou espírita, conheço a imortalidade da alma – repetia para si. Não posso me desesperar. Ela está viva, está bem... Deus sabe o que faz."

Mas no fundo, uma culpa silenciosa corroía sua razão. Questionava-se se teria orado o suficiente, se os tratamentos espirituais tinham sido feitos corretamente, se havia alguma expiação que a filha pagava por sua própria falha. Não ousava confessar tais pensamentos.

Em vez disso, mergulhou nos livros, voltou ao Centro, ofereceu-se para o passe, para a sopa, para as campanhas do agasalho, qualquer coisa que a mantivesse ocupada e longe de casa.

À noite, porém, era vencida. Sentava-se no quarto de Manuela, ainda intocado, e abraçava os vestidos da filha como quem busca agarrar um pedaço da eternidade. Dormia com a boneca preferida da menina, e em sonhos, sua alma gritava o que sua boca jamais dizia: "Por que, meu Deus? Por que a minha filha?"

A avó de Helena, Dona Nair, há muito desencarnada, acompanhava-lhe os passos com ternura e preocupação. Observava o esforço da neta em parecer forte, quando o coração sangrava em silêncio. Certa noite, ela dirigiu-se a um posto espiritual de acolhimento e rogou:

— Dr. Bezerra, minha neta precisa de ajuda. Ela está se afogando em um mar de ideias mal compreendidas sobre a fé. Está adoecendo... E não se permite ser cuidada.

Foi assim que Bezerra se aproximou daquela casa. Chegou no início da madrugada. O ambiente, embora limpo e arrumado, exalava uma tristeza profunda. No quarto de Helena, ela dormia em posição fetal, com as mãos sobre o travesseiro da filha. Suas lágrimas, mesmo dormindo, banhavam o rosto pálido. Ele se sentou ao lado dela, em silêncio.

A presença de sua avó foi o elo que permitiu o desdobramento. Helena abriu os olhos espirituais e viu a presença paternal de Bezerra. Levantou-se, hesitante.

— Doutor Bezerra?

— Sim, filha.

— Eu... eu não sabia que o senhor viria...

— Fui chamado por alguém que ama você profundamente. Dona Nair está ao seu lado desde o primeiro instante da sua dor. E hoje, estou aqui para que você permita-se chorar.

Ela baixou os olhos. A máscara que sustentava no mundo físico começava a se desfazer.

— Mas... Eu sou espírita. Conheço a vida espiritual. Sei que Manuela está viva... Sei que ela precisava passar por isso...

— Saber não é o mesmo que sentir, filha. Você está tentando viver um luto intelectual. Mas o luto também é do coração. E o coração, quando machucado, precisa ser cuidado. Precisa ser ouvido.

— Eu tenho medo de fraquejar. Tenho medo de que pensem que não tenho fé.

— A fé verdadeira não exige perfeição. Nem silenciamento. O Cristo chorou. Kardec acolheu mães desesperadas. Até os espíritos superiores conhecem o valor das lágrimas. Você não é menos espírita por sentir dor. É mais humana por isso.

Helena começou a chorar. As lágrimas que segurara por dois meses desabaram como rios represados. Caiu de joelhos, soluçando.

— Eu só queria mais um abraço, Doutor... Só mais um dia com ela...

Ele se ajoelhou ao lado dela. A voz da Espiritualidade Superior não é feita de fórmulas. É feita de presença.

— Manuela está bem, Helena, mas também sente sua ausência. Sabe que você tenta ser forte. Mas ela precisa sentir que pode ser lembrada com amor, não com culpa.

— Eu falhei?

— Você foi uma mãe extraordinária. E o tempo dela no corpo foi curto, mas suficiente para cumprir o que seu espírito propôs. Agora, sua missão continua. Mas só poderá segui-la se também se permitir ser amparada.

Ela fechou os olhos e, pela primeira vez, aceitou ser acolhida. Helena permanecia ajoelhada naquele ambiente de paz, mas seu coração era uma tormenta que finalmente se permitia emergir. Enquanto as lágrimas escorriam, imagens da filha se formavam com nitidez.

Lembrou-se da primeira vez que segurou Manuela nos braços, tão pequena, tão leve, com os olhos semicerrados e a boquinha entreaberta, como quem já carregava sabedorias de outros tempos.

"Será que fui boa mãe mesmo?" – pensava – "Será que ela se sentiu amada o suficiente? Dei atenção bastante? Ou fui severa nos momentos em que deveria apenas abraçar?"

Quantas vezes sentira culpa por ter trabalhado demais, por ter perdido a paciência, por ter reclamado do cansaço... Agora, o tempo parecia se multiplicar em perguntas para as quais não havia respostas imediatas.

No íntimo, carregava uma dor silenciosa: a de não ter se despedido. Não havia uma última palavra, um último beijo com consciência da partida. Só o silêncio do hospital, os olhos fechados da filha e a comoção em volta.

"Eu não disse o quanto a amava naquele momento"...

E mais do que isso: ela não chorou. Queria ter gritado, rasgado a roupa, caído no chão. Mas se conteve. Lembrou-se do que ouvira tantas vezes no Centro: "O espírito é imortal". A morte é só uma passagem". "O luto deve ser sereno". Então, engoliu o pranto. E passou a atuar no papel da espírita que não sofre, como se a compreensão da vida espiritual fosse uma vacina contra a saudade.

— Eu menti para mim mesma, – murmurou – fui orgulhosa... Achei que chorar era negar minha fé.

Bezerra de Menezes, ao seu lado, permaneceu em silêncio, respeitando o mergulho necessário da alma naquela travessia. Às vezes, o espírito precisa tocar seu próprio abismo para enfim sentir que há mãos estendidas.

— Eu sentia vergonha de sentir falta, – continuou Helena – pensei que não poderia falar da Manuela... Que não podia dormir no quarto dela, que não podia ter saudade".

Respirou fundo.

"Mas, hoje eu entendo que a saudade é a linguagem do amor que não se interrompeu. Que ser espírita não me faz menos mãe. Me faz mãe com esperança".

O ambiente espiritual ao redor se iluminou. Dona Nair, que a tudo assistia, aproximou-se com discrição e afeto. Tocou levemente os cabelos da neta e sussurrou: "Agora sim, minha menina, agora você está pronta para sentir a presença da sua filha".

Bezerra sorriu. Aquela noite marcava uma transição. Helena havia deixado de ser apenas a mulher que conhecia os textos, e se tornara a mulher que os sentia na alma. Da intelectualidade para a sensibilidade, da teoria para o coração.

Ao voltar ao corpo, ainda com os olhos úmidos, abriu a janela do quarto. A brisa tocou seu rosto. No céu, uma estrela pareceu brilhar mais forte.

— Obrigada, meu Deus. Obrigada por permitir que eu chore. E por me ensinar que chorar também é uma forma de amar.

E Bezerra, do Plano Espiritual, envolvia aquela casa com a certeza de que o consolo divino jamais se afasta de quem ama com verdade. Porque, sim... Até os espíritas choram. E é nesse pranto que muitas vezes nascem as maiores bênçãos da fé viva.

17

RAFAEL, O MENINO DA FAVELA

O barraco era feito de tábuas velhas, algumas pregadas com dificuldade, outras apenas apoiadas umas às outras. Em dias de chuva, a água escorria pelo telhado de zinco, formando poças no chão de terra batida.

Era nesse espaço de pouco mais de oito metros quadrados que Dona Marli vivia com o filho, Rafael, de apenas oito anos. A favela onde moravam crescia à beira de um córrego, entre montanhas de lixo e os olhares cansados dos que ali lutavam para sobreviver.

Marli vivia da coleta de recicláveis. Saía com um carrinho de supermercado adaptado, empurrando, sob sol ou chuva, os poucos quilos de papelão e latinhas que juntava para vender. O dinheiro mal dava para o arroz do dia. O gás era um luxo; cozinhava com lenha improvisada sobre o barro do quintal.

Mesmo na miséria, ensinava o filho a rezar. À noite, após a sopa rala feita com os ossos doados no açougue, sentavam-se sobre o colchão fino no chão e, de mãos dadas, oravam:

— Papai do Céu, obrigado pelo dia de hoje. Protege a mim e à mamãe. Amém.

Marli falava sobre Jesus com uma fé que não vinha de livros, mas do coração.

— Ele era pobre como a gente, Rafa. Morava simples, andava com gente simples, curava doentes e abraçava as crianças. Disse que tem um Reino para quem acredita n'Ele... Um lugar onde ninguém sente fome, nem frio.

Rafael ouvia com os olhos brilhando.

— Lá tem brinquedo, mãe?

— Tem paz, meu filho. E paz é melhor do que brinquedo.

Naquela noite, como em tantas outras, dormiram abraçados. Mas no amanhecer seguinte, a tragédia.

Marli acordou cedo e lavava roupas no quintal. Um curto-circuito em um dos barracos próximos iniciou um incêndio. As chamas, alimentadas pela madeira e pelo vento, tomaram a ocupação em minutos. Gritos, correria, desespero.

Marli tentou alcançar Rafael, que ainda dormia, mas as labaredas já tinham invadido tudo. Foi contida por vizinhos, gritando e debatendo-se, até perder os sentidos. Rafael não resistiu.

A partir daquele dia, ela não foi mais a mesma. O que era luta virou desespero. Não tinha mais para quem voltar à noite. A fé virou interrogação. Por que Deus tirara o seu único filho? Por que permitira que um menino tão bom, que agradecia a comida rala, morresse queimado? Os dias se tornaram uma sequência de memórias e perguntas sem resposta.

Foi então que, certa noite, após adormecer sobre o pedaço de papelão que agora ocupava sozinha, sua alma foi conduzida pela bondade divina ao encontro de alguém que ouvira sua prece sem palavras: Bezerra de Menezes. A Espiritualidade atendera ao chamado silencioso de uma alma humilde, mas cheia de amor.

A presença do Dr. Bezerra se manifestou em um campo de energia suave, no qual a própria dor parecia suspensa.

— Dona Marli... – disse ele com ternura.

Ela se assustou.

— O senhor... Quem é?

— Um servidor de Jesus, como a senhora.

Ela olhou ao redor. Tudo parecia mais limpo, mais claro. A dor do corpo não existia mais. Sentia-se leve, embora não soubesse explicar por quê.

— Eu morri?

— Não, filha. Está apenas visitando esse lugar, por merecimento. Seu espírito foi trazido para que o consolo pudesse alcançar seu coração.

Marli olhou para as mãos. Estavam limpas, sem as rachaduras do sabão barato. Seus pés não estavam feridos. E naquele instante, sentiu uma presença familiar se aproximar.

— Mãe?

Era Rafael.

Vestido com uma túnica clara, os cabelos levemente ondulados, sorrindo como nunca. Correu até ela e a abraçou com força. Ela o apertou como se temesse que fosse desaparecer outra vez.

— Meu menino! Meu Deus! Eu estou sonhando?

— Está comigo, mãe. Está comigo.

Bezerra sorriu. Aquela cena era a pura expressão do Evangelho vívido. Uma mulher sem posses, mas com um tesouro no coração: o amor verdadeiro. E esse amor a conduzira até ali, ao reencontro.

— Ele... Ele não sofreu? – balbuciou com voz trêmula.

— Foi amparado no instante do desprendimento. Seu anjo da guarda estava presente. E os seus ensinamentos sobre Jesus foram o fio de luz que o guiou ao Plano Espiritual.

O choro irrompeu. Ela chorava agora em paz. Pela primeira vez desde o incêndio, sentia o coração bater sem angústia.

— O céu existe mesmo, então?

— Existe, filha. E começa no coração que ama. Não é feito de ouro ou ruas de cristal, mas de laços eternos como o de vocês dois.

— Seu moço, eu não sei ler, nunca estudei, mas sei orar. Todo dia eu orava para Jesus aliviar meu coração e cuidar do meu Rafa no céu, mas não sabia se Ele escutava.

— E sua súplica de mãe chegou até aqui. O céu não se constrói com títulos ou estudos. Se constrói com amor. E a senhora tem muito.

Marli olhou para Rafael, que lhe segurava a mão. O menino parecia irradiar alegria.

— Vou poder vê-lo de novo?

— Sempre que o merecimento permitir. E um dia, quando for sua hora, estarão juntos, como agora. Mas, por enquanto é hora de acordar.

Ela percebeu o ambiente se desvanecer. Sentiu o calor do filho ainda na pele, o cheiro de terra e flores no ar. E despertou, sobre o mesmo papelão. Mas havia algo diferente. Um novo ânimo. Levantou-se, lavou o rosto, e pela primeira vez em meses, orou com fé verdadeira:

— Obrigada, Jesus, por cuidar do meu menino; por me deixar abraçá-lo. E por não me esquecer.

Durante anos, Marli enfrentara a fome como quem enfrenta um leão todos os dias. Dormia pouco, comia menos ainda. Mas seu maior cuidado era com Rafael. O menino, embora nascido em meio à carência, possuía um brilho no olhar que encantava os vizinhos.

Era educado, mesmo sem escola frequente. Sabia dividir o pão velho com os outros meninos da rua e amava ouvir as histórias da Bíblia que a mãe contava à sua maneira.

Certa vez, após um dia exaustivo, Marli chegou com apenas uma batata-doce cozida. Estava tão cansada que pensou em dormir sem comer. Mas Rafael, ao vê-la, dividiu o que havia com um sorriso:

— Mãe, come comigo. Jesus não gosta de ver mãe com fome.

E ali, sentados no chão, dividiram aquela pequena batata como se fosse um banquete.

Bezerra, ao lembrar-se dessa cena enquanto a observava no Plano Espiritual, sentia no coração a certeza de que o céu começa nos pequenos gestos de bondade silenciosa.

Após o desencarne, Rafael foi levado a uma colônia espiritual de assistência a crianças. Lá, reencontrou amigos de antigas existências e recebeu apoio de espíritos amorosos. Sua espiritualidade, embora jovem, era madura. Não reclamava. Perguntava sobre a mãe. Queria saber se ela comia, se ainda orava, se um dia voltariam a brincar juntos.

Nas oficinas espirituais aprendia sobre a vida além do corpo. Desenhava com tintas luminescentes. Recitava as orações que a mãe lhe ensinara. Seu quarto era decorado com girassóis e estrelas, símbolos da vida que se renova todos os dias como a fé que jamais se apagou nele.

Em momentos especiais, era autorizado a visitar Marli durante o sono. Sentava-se ao lado dela e lhe acariciava os cabelos. Às vezes, ela acordava, e com um suspiro longo e fundo dizia:

— Senti seu cheirinho, meu filho...

Mas o reencontro consciente naquela noite com Bezerra foi uma dádiva rara, fruto da sinceridade da dor que ela, finalmente, entregou ao Alto.

Na ocasião, ao se despedir do filho, Marli ouviu dele:

— Fica forte, mãe. Fica firme. Eu estou bem, e o Reino que você falou...É verdade! Nós vamos nos ver de novo.

Bezerra, tocado por aquela fé sem adornos, refletiu em seus apontamentos espirituais:

Os grandes do mundo não estão nos palácios. Estão nos becos esquecidos, nas mães que criam filhos com o suor e o joelho dobrado em oração. A dignidade do espírito não se mede por posses, mas por quanto se ama, mesmo na escassez. Marli, anônima para o mundo, é conhecida no céu como filha dileta de Jesus.

Ao retornar ao corpo físico, Marli carregava algo diferente no peito: uma certeza. A de que Rafael vivia. Que o Reino prometido existia. E que o amor, esse sim, era a herança que jamais lhe seria tirada.

Ainda naquela manhã buscou um centro comunitário que oferecia apoio espiritual. Não sabia explicar por que, mas sentia que precisava estar ali. Ao ouvir a prece inicial, as lágrimas vieram. Mas, dessa vez, não por desespero. Eram lágrimas de gratidão, porque agora ela sabia: o céu não tem endereço fixo. Pode morar num barraco de favela, desde que ali habite um coração que ama.

18 UM PAI QUE NÃO SABIA AMAR

O nome dele era Eduardo, mas poucos o chamavam assim. No trabalho era "seu Duda", em casa, apenas pai. Homem de poucas palavras, olhar sempre carregado, voz que ecoava mais medo do que respeito.

Tinha mãos calejadas e um coração endurecido pela vida. Acreditava que homem de verdade não chora, não abraça, não fala *eu te amo.*

Seu filho, Cleber, era o oposto. Adolescente sensível, olhos tristes escondidos atrás de fones de ouvido. Buscava um lugar no mundo, mas em casa sentia-se sempre um intruso. Cada tentativa de conversa virava bronca. Cada lágrima era taxada de frescura. Cresceu ouvindo que precisava ser homem, parar de drama, engolir o choro.

Mas, Eduardo não nascera assim. Quando menino, era como Cleber: emotivo, delicado, carente. Crescera num lar dominado pela presença autoritária do pai, um homem rude que jamais o elogiou. As mãos, que deviam proteger, batiam. Os olhos que deviam acolher, julgavam. Os silêncios dentro de casa eram ensurdecedores. E foi nesse ambiente que Eduardo aprendeu que amar era fraqueza e que afeto era coisa de mulher.

Sem perceber, reproduziu a violência emocional que recebera. A diferença é que agora o filho não suportou. Cleber, após anos lutando com a dor invisível da rejeição e da incompreensão, sucumbiu. Um bilhete curto, deixado sobre a escrivaninha, dizia:

"Pai, me perdoa. Eu tentei".

Aquela frase quebrou Eduardo de um modo que nem ele sabia ser possível. No velório, permaneceu imóvel. Não chorava, mas por dentro implodia. Após o enterro, trancou-se em casa. Parou de ir ao trabalho. Evitava os vizinhos. Evitava o espelho. À noite, ia até o quarto do filho e se deitava na cama. Cheirava o travesseiro, segurava os cadernos, abraçava a camisa que Cleber mais gostava.

— "Eu te matei" - sussurrava no escuro - "Eu matei meu menino"...

O tempo passou, mas a dor não. Até que, exausto de tanto carregar arrependimento, começou a buscar consolo. Uma vizinha lhe entregou um exemplar de *O Evangelho Segundo o Espiritismo*. Eduardo não tinha religião, mas leu. E ao ler, algo se abriu.

Foi assim que começou a frequentar discretamente um Centro Espírita simples, num bairro vizinho. Sentava-se no fundo, ouvia calado. As palestras sobre perdão e recomeço mexiam com ele. Mas nada doía mais do que ouvir a palavra amor. Parecia que todas as falas eram sobre Cleber. De tudo que ele não deu, de tudo que o menino pediu em silêncio.

Numa dessas noites, após a prece de encerramento, Eduardo sentiu os olhos pesarem. Dormiu profundamente. Seu espírito foi então conduzido à dimensão onde repousam os corações em recuperação.

Bezerra de Menezes o aguardava.

— Eduardo, seu filho o espera – disse com voz branda.

Ele estacou. Não sabia se chorava, corria ou se ajoelhava. Foi levado por Bezerra por uma trilha envolta em luz. Ao longe, viu uma figura que se destacava: Cleber.

Ele estava diferente. Seu semblante tinha paz, mas os olhos... Os olhos ainda eram os mesmos, doces e profundos.

— Pai?

— Filho...

Eduardo caiu de joelhos. Nunca havia se ajoelhado diante de ninguém. Mas ali, diante do filho, a dor era maior que o orgulho.

— Me perdoe... Eu não sabia amar. Eu só repeti o que fizeram comigo... Eu te machuquei. Eu fui um covarde...

Cleber se aproximou e o abraçou.

— Eu sei, pai. Eu sei da tua dor. Por isso eu pedi pra gente se encontrar aqui. Eu te perdoo.

— Eu te amava, meu filho... De um jeito errado, mas amava.

— Eu sei. E eu também te amava. Ainda amo.

O choro de ambos foi longo, mas curador. Diante da cena, Bezerra sentia-se novamente aprendiz diante da grandeza do amor.

— Ainda temos um caminho, pai. Eu estou em tratamento. Ainda carrego dores, mas agora eu posso seguir. Porque o senhor me ouviu. Porque o senhor me sentiu.

— O que eu faço agora, Cleber?

— Viva, pai. Mude. Ajude outros pais a não perderem seus filhos. Ensina que homem também ama, que pode chorar. Que pai é colo, não apenas provedor.

Quando Eduardo despertou, estava sentado no banco do Centro Espírita. Havia cochilado. Um voluntário olhava-o com ternura.

— Está tudo bem, irmão?

Ele sorriu, pela primeira vez em muito tempo.

— Está. Está tudo bem. Acho que adormeci...

No dia seguinte, procurou a coordenadora da Casa Espírita. Pediu para ajudar nos trabalhos com famílias. Começou fazendo preces de abertura das palestras, depois de um tempo iniciou preleções simples, depois passou a ouvir pais, consolar mães.

Em cada um que ele acolhia, resgatava também partes de si. Era como se encontrasse o filho no amor que dava.

Fez questão de visitar escolas, conversar com jovens, contar como o silêncio entre pais e filhos pode ser fatal. A cada história que ouvia, a cada lágrima que enxugava, reconectava-se com Cleber, sentindo-o presente.

A infância de Eduardo fora marcada por um silêncio pesado, cortado apenas pelos gritos do pai autoritário que usava a violência como ferramenta de educação. Não havia espaço para o afeto, nem para a expressão de sentimentos.

A mãe, submissa e assustada, não intervinha. Cada gesto de ternura que Eduardo tentava oferecer, um desenho, um abraço tímido, era respondido com desdém ou um tapa.

— Homens não choram! – dizia o pai, com os olhos duros.

Eduardo aprendeu, desde cedo, que para sobreviver precisava sufocar tudo o que sentia. Enterrou seus medos, seus sonhos, e o menino doce que um dia fora, deu lugar a um adulto embrutecido.

O casamento veio cedo, e com ele a paternidade. Quando Cleber nasceu, algo em seu peito balançou, mas ele rapidamente engoliu o impulso de sorrir ou chorar. Ao ver o filho no berço, não soube como tocá-lo.

— Eu vou te criar para ser forte – murmurou.

Mas confundiu força com frieza. Cleber cresceu sob o peso de um pai que não sabia demonstrar amor. Bastava o garoto se emocionar para que Eduardo se irritasse. Ao menor sinal de fragilidade, vinha a bronca:

— Que vergonha! Homem que é homem não age assim!

O garoto se retraía, aprendendo que seu jeito sensível era um problema. Passou a se esconder, a fingir que estava tudo bem. A dor silenciosa se transformou em ansiedade, depois em depressão.

Tentou buscar ajuda, mas Eduardo via os psicólogos como perda de tempo: "Isso é coisa pra gente fraca! Você precisa é de vergonha na cara!" Cleber desistiu de tentar. E então veio a tragédia.

Durante o reencontro espiritual, Bezerra de Menezes permaneceu em silêncio enquanto pai e filho se reconectavam. Ao final, aproximou-se de Eduardo com brandura:

— O amor é lição que a vida nos ensina mesmo pelas vias da dor. Você errou, meu irmão, mas está aprendendo. E isso é tudo o que o Pai espera de nós: arrependimento sincero, desejo de transformação e fé no recomeço.

Eduardo caiu em prantos. Pela primeira vez, chorava sem medo. Chorava como quem lava a alma. Chorava como o menino que nunca teve permissão de chorar.

— Ainda posso mudar?

— Sempre. A vida é uma estrada de retorno ao amor. O Evangelho não é um livro de condenações, mas de oportunidades.

Bezerra observava tudo com ternura. Nas anotações que fez sobre Eduardo, escreveu:

> *O amor não exige perfeição, pede esforço e doação. A virilidade que o mundo exalta é apenas fachada para um coração que clama por cura. Quando um pai se permite amar, ainda que tarde, abre caminho para o céu no íntimo. Eduardo foi salvo pelo perdão de um filho e pela coragem de se transformar.*

E assim, aquele homem antes duro, tornou-se testemunho vivo de que o amor sempre encontra caminho, mesmo entre ruínas.

19 MUITO ALÉM DAS FRONTEIRAS

Desde pequeno, Fabinho sonhava em cruzar fronteiras. Gostava de mapas, imitava sotaques e dizia que aprender inglês era seu passaporte para o mundo.

Era um garoto alegre, aplicado e generoso. Os pais, mesmo com sacrifício, guardaram cada centavo para realizar o sonho do filho: um intercâmbio educacional fora do país.

A despedida no aeroporto foi marcada por sorrisos e lágrimas. A mãe lhe enfiou um terço no bolso. O pai lhe deu um abraço forte, desses que tentam proteger mesmo à distância. Fabinho prometeu: – Eu volto fluente, com histórias e gratidão.

No início, as mensagens eram diárias. Vídeos engraçados, fotos das aulas, dos colegas. A vida parecia perfeita. Ele compartilhava seus aprendizados, descobertas e até dificuldades com o idioma. Mas aos poucos, as mensagens se tornaram menos frequentes. Semana corrida – dizia ele – Depois conto mais.

Na nova cidade, Fabinho conheceu outros adolescentes, muitos em busca de liberdade e novas experiências. Para se enturmar, aceitou convites para festas e encontros. Em uma noite de sexta-feira, num bairro afastado, foi a uma festa onde circulavam bebidas e drogas sintéticas. Sentia-se deslocado, inseguro. Um colega insistiu: — É só para relaxar. Todo mundo aqui já experimentou – Fabinho, querendo parecer seguro, cedeu.

A substância misturada a bebidas foi demais para seu organismo. O corpo entrou em colapso. Uma ambulância foi chamada às pressas. Fabinho chegou ao hospital já inconsciente. A notícia correu até os responsáveis do programa de intercâmbio. Os pais, no Brasil, foram acordados de madrugada com uma ligação:

— Seu filho está em coma.

Desesperados, embarcaram no primeiro voo. Durante a longa viagem, oraram, choraram, imploraram. A mãe revivia mentalmente cada momento com o filho. O pai, silencioso, mantinha os olhos fechados, como se quisesse acordar daquele pesadelo.

Enquanto isso, no hospital, Fabinho flutuava entre a vida e a morte. Sua alma, parcialmente liberta, via o próprio corpo cercado por aparelhos. Observava médicos e enfermeiros agitados. Mas o que mais lhe chamava atenção era o sofrimento dos pais que ainda não haviam chegado, mas já estavam espiritualmente presentes ao seu lado. "Filho, fica com a gente"... Dizia a mãe orando entre lágrimas.

E mesmo a quilômetros de distância, sua voz ecoava no Plano sutil.

Bezerra de Menezes, acompanhado por benfeitores espirituais, aproximou-se do leito. Tocou a fronte do jovem em coma com profunda compaixão:

— Fabinho, sua jornada no corpo chegou ao fim, mas não tema. O amor dos seus pais abriu caminho para o amparo.

A transição foi tranquila, embora o espírito ainda se sentisse culpado. "O que eu fiz? Como deixei isso acontecer"? – repetia em pensamento.

Fabinho foi acolhido numa colônia espiritual destinada a jovens desencarnados prematuramente. Ali, espíritos experientes ofereciam palavras, vibrações e silêncio respeitoso. Ele precisou de um tempo para aceitar sua nova condição. Quando os pais chegaram ao hospital depararam-se com a notícia da morte cerebral confirmada.

O luto foi cruel. A mãe culpava o intercâmbio, a cidade, a juventude. O pai se perguntava onde errou. Mas todas as noites, ao dormirem exaustos de tanto chorar, seus espíritos eram carinhosamente conduzidos a Planos de repouso. E foi numa dessas noites que, por intercessão dos benfeitores e da vibração constante do amor entre eles, um reencontro foi autorizado.

Um jardim imenso, com flores luminosas e céu irradiando harmonia, foi o cenário. Gabriel estava sentado em um banco, com as feições calmas. Ao ver os pais, levantou-se rapidamente.

— Mãe... Pai...

A mãe correu primeiro. O pai veio logo atrás. O abraço triplo demorou longos minutos.

— Por que, filho? – chorava a mãe.

— Eu quis ser aceito. Só isso. Não imaginei que seria o fim.

— Você está bem agora?

— Estou aprendendo. E vocês me ajudaram mais do que imaginam.

Bezerra de Menezes aproximou-se devagar, com o olhar compassivo que não condena:

— O amor verdadeiro atravessa oceanos e dimensões. Vós não pudestes intervir para salvá-lo, mas pela prece pudestes auxiliar vosso filho. E isso ajudou em seu despertar aqui na dimensão espiritual.

— Obrigado... Disse o pai, emocionado.

— Vivam. Falem dele com carinho. A dor da separação não é castigo, é passagem. E o reencontro será eterno.

Ao despertarem, os pais não se lembravam com clareza, mas o coração estava leve. Pela primeira vez, desde o ocorrido, tomaram café da manhã juntos, sorrindo. Havia dor, era verdade, mas havia também paz. E ao olharem pela janela, o céu lhes parecia mais próximo.

Fabinho foi acomodado em uma ala chamada Horizonte Jovem, uma área da colônia espiritual voltada ao acolhimento de adolescentes e jovens adultos que desencarnaram de forma abrupta. As salas, rodeadas por jardins, eram decoradas com livros, quadros coloridos e instrumentos musicais. Ali, o espírito podia reencontrar interesses elevados que lhe despertassem a alma.

Era comum ver grupos reunidos em conversas, ouvindo histórias dos educadores espirituais, aprendendo sobre si mesmos, sobre a vida além da matéria e sobre o valor do corpo que haviam deixado. Era um processo lento, não havia pressa. O tempo no Plano Espiritual respeitava o ritmo da dor e da consciência.

Fabinho gostava de caminhar pelas trilhas de pedra branca que levavam até um lago silencioso. Ali, refletia sobre suas escolhas, a insegurança que sentiu naquela noite fatídica, e principalmente como o desejo de pertencer a um grupo o afastou de si mesmo.

Em uma dessas tardes, Bezerra o acompanhou, dizendo com carinho:

— Não se cobre tanto, meu filho – disse o benfeitor, sentando-se ao seu lado – as almas jovens, ao renascerem na Terra, carregam compromissos e fragilidades. O mundo ensina o medo de não ser aceito, mas agora, em nova dimensão, você está se redescobrindo como filho amado de Deus.

— Eu queria ter dito não. Queria ter voltado para casa.

— E voltará, Fabinho. Um dia, em nova oportunidade, com mais maturidade espiritual. O amor dos teus pais te fortalecerá. E este tempo aqui será tua escola de luz.

Enquanto isso, no Plano físico, os pais haviam procurado um Centro Espírita, impulsionados por sonhos e sensações que não sabiam explicar. Foram recebidos com carinho e orientação. Participaram de reuniões, ouviram palestras sobre a vida após a morte.

Depois de algum tempo, após o reequilíbrio emocional e os estudos, a mãe começou a escrever mensagens espontâneas, trechos soltos, frases com palavras que Fabinho usava. O pai, que sempre fora cético, também passou a sentir sua presença sempre que eles faziam o Culto do Evangelho no Lar.

Numa noite de prece, a mãe escreveu: "Estou bem, mãe. Aqui também tem céu azul, mas nenhum mais bonito que o teu abraço".

Ela chorou. Sabia que não fora imaginação.

Bezerra, em prece silenciosa naquela noite, sorriu com ternura. E refletiu com carinho em mais uma lição preciosa:

> *Não há distância entre os que se amam. O céu, para cada filho, se forma no íntimo daqueles que, mesmo entre lágrimas, escolhem continuar amando. Que as mães e pais da Terra saibam: o amor não morre. Ele apenas muda de Plano.*

Na colônia espiritual, Fabinho também reencontrou outros jovens que haviam feito a mesma escolha impulsiva, motivados por inseguranças, rejeições ou medo de não se encaixar. Alguns chegaram revoltados, outros em profundo silêncio. Mas todos, aos poucos, iam sendo tocados pelo bálsamo do entendimento.

Durante uma atividade de arteterapia, ele pintou um quadro com duas figuras se abraçando num campo florido. Ao mostrar para o instrutor espiritual, disse: "Sou eu e minha mãe. Foi quando nos encontramos naquele lugar com céu de grande harmonia". O instrutor sorriu e o incentivou a continuar expressando seus sentimentos por meio das cores.

Enquanto isso, Bezerra de Menezes visitava o núcleo da colônia que acolhia os pais em luto, espíritos que haviam desencarnado após perderem seus filhos e que ainda buscavam consolo. Compartilhou ali, em conversa terna, a história de Fabinho, lembrando que o amor de uma mãe e de um pai é força criadora, ponte viva entre mundos:

> *Os filhos partem, às vezes cedo demais para os olhos humanos, mas, na contabilidade divina, o tempo não é contagem, é propósito. E nenhum reencontro verdadeiro será negado a quem ama com fé.*

20
SOB A MARQUISE, UM MENINO

Era uma noite fria em São Paulo. A garoa persistente tingia o asfalto de cinza encharcado, e os prédios, silenciosos, cerravam as cortinas contra a miséria da rua.

Sob a marquise de um edifício antigo na Avenida São João, um corpo pequeno se encolhia entre pedaços de papelão úmido. O menino, de não mais que nove anos, tossia com dificuldade. O peito arfava, em luta contra a febre que lhe queimava por dentro.

Não tinha nome conhecido. Alguns o chamavam de Garça, por ser magrinho e andar com os ombros curvados. Há semanas a pneumonia vinha consumindo suas forças, e mesmo assim, ninguém se importou. Todos, apressados, desviavam o olhar.

Ele orava, em sussurros, com palavras que ouvira uma mulher repetir certa vez: "Jesus, se for pra melhorar, me leva para o seu céu"...

A madrugada caiu mais densa. O corpo do menino se aquietou, e o último suspiro escapou como brisa, invisível aos olhos do mundo. Mas naquele instante, luzes sutis começaram a se acender no Plano Espiritual. E uma mulher se aproximou, trajando simplicidade e amor. Era Fabiana Cavalcanti, mãe de Bezerra de Menezes, que vinha ao encontro do pequenino.

Ela se ajoelhou, recolheu o espírito do menino que, ainda confuso, olhava-a com espanto e doçura. Envolvendo-o numa manta luminosa, ela o tomou nos braços com ternura.

Cantava uma cantiga antiga, como se embalasse o filho nos tempos de outrora. As lágrimas silenciosas que desciam por seu rosto eram de compaixão, não de dor. Não demorou e Bezerra de Menezes se fez presente. A cena o tocou profundamente.

— Mãe, – murmurou ele, emocionado – quão grande é teu coração!

— Adolfo, esse menino não morreu. Foi recolhido pelo amor. Vem, filho, vamos levá-lo ao posto de socorro. Ainda há tempo de o ampararmos no seu despertar.

— Me permita levá-lo em meus braços, mãe...

Fabiana sorri com ternura e entrega a Bezerra de Menezes o frágil e precioso corpo espiritual do menino. A cena que o vocabulário humano não consegue retratar era comovedora.

Transportaram-no com cuidado. No posto espiritual, situado além das vibrações densas da cidade, o menino foi deitado em um leito singelo. Espíritos enfermeiros e socorristas cuidaram dele com fluidos restauradores, passes, magnetismo e oração. A inquietação da alma, reflexo da dor emocional, foi aos poucos cedendo.

Enquanto isso, Fabiana, tocada por um sentimento maior, pediu permissão para encontrar a mãe biológica daquele espírito. Sabia que o reencontro seria fundamental para ambos. Seguindo o fio vibratório do amor que jamais se rompe, encontrou-a em uma zona de perturbação nos arredores da colônia.

A mulher, de nome Jéssica, vagava entre pensamentos de culpa, saudade e dor. Fora assassinada há quatro anos, em um tiroteio na comunidade onde morava. Desde então, sua consciência se fixara no sofrimento: deixara o filho, não pudera protegê-lo. Seu coração era um campo de batalha entre o arrependimento e a esperança.

Fabiana se aproximou como uma mãe que acolhe outra mãe.

— Jéssica... Sussurrou com suavidade.

A mulher levantou os olhos, desconfiada.

— Quem é você?

— Alguém que está aqui por amor ao teu filho. Ele está conosco, seguro. Viemos te buscar.

Aquelas palavras foram como luz na escuridão. Jéssica caiu de joelhos, chorando convulsivamente. Fabiana a segurou nos braços, como fizera com o menino. E a envolveu em fluidos de paz, como uma prece que veste a alma. Guiadas por Fabiana, as duas retornaram ao posto de socorro. Ao ver o filho deitado, cercado de afeto e cuidados, Jéssica estremeceu.

— Meu Deus... É ele... Meu menino!

— Mãe? – sussurrou o menino, ainda sonolento, mas sentindo a energia da presença que lhe era tão familiar.

Os dois se abraçaram. Longamente. Profundamente. Choro e riso se misturaram. Era o reencontro de dois corações partidos que, juntos, começavam a ser restaurados. Bezerra de Menezes os observava, enternecido:

— O céu, meus filhos, não se constrói com dogmas. Se constrói com amor.

Antes de ser tragado pelas ruas, o menino vivera dias conturbados numa pequena casa de madeira, em um beco apertado da periferia. A mãe, Jéssica, fazia de tudo para protegê-lo, mesmo sem apoio. Ela fora garçonete, depois ajudante em uma quitanda, e nos últimos tempos, lavava roupas para fora. Era amorosa, mas a vida a engolia.

O menino adorava as histórias que ela contava sobre Jesus e os anjos. "Se um dia eu não estiver aqui, meu filho, fala com Ele, tá bem"? – dizia. E ele gravara isso no coração.

Após a morte da mãe, o menino vagou pelas ruas, abrigando-se sob as pontes e marquises. Esquivava-se dos lares para adoção. Não queria outra mãe. Queria a sua. Por isso, sua dor era também espera. E, na madrugada fria da capital, entre papelões e restos de comida, ele esperava que Deus não o tivesse esquecido.

Na colônia espiritual, após o reencontro, Jéssica começou um processo de reeducação espiritual. Acompanhada por Fabiana, visitava grupos de mães em sofrimento, compartilhando sua história, ajudando outras a compreender que nenhuma luta é em vão. Seu filho, agora mais forte, passou a frequentar a Escola das Almas Jovens, onde aprendia sobre reencarnação, fraternidade e as leis de Deus.

Bezerra de Menezes, em uma de suas visitas à ala infantil, caminhava entre os jardins que ladeavam os pátios, e sorria, observando as crianças brincando. Parou perto do menino e lhe disse:

— Daqui algum tempo, meu pequeno, você voltará à Terra. Um novo lar, novas chances. E dessa vez, a fé e o amor que sua mãe te ensinou serão sua armadura.

— Posso voltar com ela?

— Ela também se prepara. Quando for o momento certo, vocês se reencontrarão novamente como mãe e filho, ou talvez em outro laço, mas com o mesmo amor.

A criança sorriu. E ao sair correndo para brincar, olhou para trás e disse:

— Obrigado por ter me visto.

Bezerra respondeu em pensamento: É o amor que nos dá olhos para enxergar onde o mundo não vê.

Naquela mesma noite, em outro canto da cidade espiritual, Bezerra de Menezes recolheu-se em prece. O dia havia sido longo, repleto de visitas e encontros, mas a imagem do menino sob a marquise não lhe saía do coração:

Quantos outros dormem ao relento da indiferença? – pensava – *Quantas mães sonham em rever seus filhos sem saber que, no Além, o amor ainda atua, incansável?*

Nesse instante, um espírito benfeitor se aproximou com relatórios de recém-desencarnados. Entre eles, crianças, jovens e adultos em condição extrema. Bezerra os recebeu com serenidade, mas também com urgência. Pediu reforço às equipes de acolhimento, organizou caravanas de resgate e determinou, junto a Fabiana e outros trabalhadores, que toda alma em prece sincera fosse ouvida com prioridade.

Enquanto isso, na colônia espiritual, o menino, agora reconhecido como Elias, brincava com outros pequenos no jardim. Seus olhos brilhavam, sua voz ecoava alegria. Já não tossia, nem tremia. Estava sendo curado.

Em um gesto simbólico, Fabiana lhe ofereceu uma pequena flauta, pois a música era medicamento precioso nos cuidados espirituais. Elias soprava alegria e vida ao aprender as notas musicais do amor de Deus por todos os seus filhos.

— Esse som vai ecoar onde houver dor – disse ela. Quando você tocar, muitos vão lembrar que a esperança não morreu.

Elias abraçou a flauta contra o peito. Ainda era pequeno, mas seu espírito sabia: o amor que o buscara sob a marquise o conduziria para sempre.

Na Terra, sob a mesma marquise, após o corpo de Elias ter sido encontrado pela manhã, um grupo de voluntários instalou um ponto de apoio para moradores de rua. Na parede do abrigo, uma frase escrita à mão: "Onde há amor, há céu".

Bezerra de Menezes, ao ler aquilo através das vibrações do bem, sorriu com os olhos marejados:

Que a Terra se transforme. Que toda marquise fria possa, um dia, ser substituída por um teto com amor.

E seguiu em sua missão, amando em nome d'Aquele que é o Pastor das Almas.

21 MAURÍCIO, PAI POR AMOR

Desde que entrou na vida de Joana, Maurício soube que ela não vinha sozinha. Seu coração estava cheio de esperança, mas também carregava a responsabilidade de amar alguém que não era seu por sangue.

Kauê, o filho de Joana, tinha apenas quatro anos quando o conheceu. Os olhos do menino eram profundos, desconfiados, e nas primeiras semanas não dirigia uma palavra sequer ao novo companheiro da mãe.

Mas, Maurício tinha paciência. Respeitou os silêncios, celebrou os pequenos gestos. Foi se tornando presença, sem forçar afeto. Levava Kauê à escola, torcia nas apresentações da escola, fazia panquecas nos domingos pela manhã.

Nunca exigiu ser chamado de pai, mas também nunca deixou de se portar como um. Quando Kauê adoecia, era ele quem dormia no chão do quarto, atento a cada movimento. Quando chorava por frustrações infantis, era ele quem escutava e oferecia o colo firme.

Com o tempo, o menino se abriu. Chamava Maurício de "tio", depois de "Mau", e por fim, o nome ficou assim: apenas Maurício. Um nome sem títulos, mas que carregava, no dia a dia, o peso e a bênção da paternidade real.

Kauê cresceu. Tornou-se um adolescente brilhante, mas extremamente sensível. Seu orgulho era sua armadura. Tinha talento para a música, para as palavras, mas não aceitava ser contrariado. Guardava feridas profundas pela ausência do pai biológico, que sumira quando ele ainda era bebê.

O silêncio desse abandono ecoava em suas atitudes. Às vezes, Maurício se tornava o alvo das projeções de sua dor. A adolescência chegou como uma tormenta. Havia dias em que Kauê chegava com os olhos cheios de luz, contava piadas, pedia conselhos. Em outros, trancava-se no quarto, ou se mostrava agressivo. Nesses momentos, dizia coisas cortantes, injustas. E uma das frases mais duras que Maurício ouviu foi num momento de ira:

— Você não é meu pai! Não se mete na minha vida!

Foi como uma navalha, mas Maurício não retrucou. Recolheu-se. Sabia que as palavras doíam mais em quem as dizia.

Joana via tudo isso com o coração dividido. Amava o companheiro e amava o filho. Tentava mediar, compreender, mas também carregava uma dor: sua família nunca aceitara plenamente Maurício. "Ele é bom, mas não é pai de verdade" – murmuravam os parentes. No fundo, Joana sabia que o companheiro era mais pai do que muitos que ostentavam o título.

Tudo se precipitou numa tarde abafada de domingo. Kauê queria ir a uma viagem com amigos, sem adultos, em uma região litorânea. Joana hesitou. Maurício, com jeito, ponderou os riscos. A conversa virou discussão. Kauê se exaltou, gritou, lançou ofensas duras. E, com os olhos flamejantes, trancou-se no quarto.

Horas depois, o silêncio se tornou insuportável. Bateram na porta. Não respondeu. Encontraram-no desacordado. Ambulância. UTI. Diagnóstico: overdose de medicamentos. Tentaram de tudo. Mas seu coração jovem não resistiu.

O luto veio como avalanche. No velório, Joana estava devastada. Os parentes dela choravam, mas muitos se mostravam frios com Maurício. Alguns, sequer o cumprimentaram. Ele se manteve à distância, o coração partido, os olhos úmidos olhando para o caixão onde jazia o menino que criara, educara, amara. Ninguém o chamou para dizer adeus. Não lhe deram o direito de ser pai nem na hora da despedida.

Nos meses que seguiram, Maurício afundou em silêncio. Dormia pouco, comia mal. Trabalhava mecanicamente. À noite, quando Joana finalmente adormecia, ele sentava no sofá, ligava uma luz baixa e pegava um terço que ganhara da própria mãe anos atrás. Orava em silêncio, a dor oculta no coração, os olhos fechados, o rosto molhado. Não pedia respostas. Apenas orava.

Foi numa dessas madrugadas que sentiu algo diferente. Uma brisa, um arrepio suave, um calor no peito. Abriu os olhos e viu, diante de si, uma figura serena de olhar bondoso. Era Bezerra de Menezes.

— Maurício, – disse o Espírito – Deus escutou seu choro. Você foi pai. Pai de alma. E por isso estou aqui.

— Quem é o senhor? – perguntou Maurício, deixando que o pranto rompesse.

— Alguém que trabalha em nome do amor. Venha comigo.

Num instante, Maurício sentiu o corpo leve. Foi conduzido para fora dele, em desdobramento. O cenário ao redor mudou. Estavam em um jardim jamais imaginado por alguém na Terra. A luz não vinha do Sol, nem da Lua, mas das plantas e suas flores. Um lago cristalino, inexplicavelmente espelhava as estrelas e o silêncio era feito de paz. Não era dia, também não era noite, apenas era acolhedor.

Ali, parado, estava Kauê. Não como o jovem revoltado da Terra, mas com uma expressão diferente. Havia arrependimento, mas também gratidão. Lágrimas desciam de seus olhos.

— Pai, – disse ele, com a voz embargada – me perdoe! Eu errei. Fui orgulhoso. E quando me senti ferido, agi por impulso. Achei que a dor ia passar, mas só cresceu. Eu queria que você soubesse... Obrigado. Por tudo. Por cada gesto. Cada silêncio. Você foi mais pai do que eu merecia. E eu nunca disse isso... Mas eu te amo, pai.

Maurício correu até ele. O abraço foi tão forte que parecia unir as almas num mesmo compasso.

— Meu filho... – murmurava Maurício – Meu filho amado...

Bezerra, ao lado, observava em silêncio. Em suas mãos, carregava um pequeno livro de orações que entregou a Maurício.

— Leve isso contigo. As palavras nele escritas vão te lembrar, todas as noites, que há reencontros que o mundo não compreende, mas que o Céu celebra.

Após o reencontro, Maurício permaneceu no jardim daquele posto espiritual, sentado ao lado de Kauê. O jovem, mais calmo agora, olhava para o lago e dizia:

— Eu não entendia, sabe? Achava que ninguém me compreendia. E mesmo quando você me amava em silêncio, eu achava que era obrigação. Mas não era... Agora eu vejo. Todo aquele amor foi escolha. Você me escolheu. Isso é ser pai, não é?

Maurício chorava, sem conseguir responder. Apenas segurava a mão do enteado, agora filho em essência. Aquela alma que ele criara por tanto tempo se revelava, enfim, em gratidão.

Bezerra de Menezes, sentado à beira do lago, refletia em voz baixa:

Quantos pais e mães, no mundo, nunca serão chamados assim em vida, mas que o Céu reconhece como verdadeiros? O sangue constrói laços, mas o amor é quem os sustenta.

Ao fundo, as emoções felizes daquela cena faziam desabrochar flores de indizível beleza. Algumas entidades espirituais passavam discretamente, respeitando aquele momento sagrado. O reencontro entre pai e filho era celebrado em silêncio pelo universo.

— Eu quero voltar, pai. Quero reparar. Quero tentar de novo.

— Um dia, meu filho. No tempo de Deus – quem respondeu por Maurício foi Bezerra – mas por agora, sua tarefa é estudar, compreender, servir. A reparação começa no coração.

Maurício queria dizer tanto, mas apenas beijou a fronte do filho. Quando se levantou, Bezerra o conduziu de volta à realidade do corpo físico.

Joana o encontrou no sofá, horas depois, com o terço entre os dedos e os olhos inchados. Aproximou-se devagar.

— Você chorou?

— Sim... Mas dessa vez foi diferente. Ele me ouviu. Ele me chamou de pai.

Ela o abraçou com força. Pela primeira vez, via naquele homem o verdadeiro pai de seu filho.

Nos dias seguintes, Maurício retornou ao Centro Espírita que frequentava discretamente. Relia sempre o pequeno exemplar do Evangelho que ganhara de um senhor no Centro, e passou a orar com mais fé. Tinha a impressão de ter ganhado aquele mesmo livro em um sonho. E ali encontrava mensagens de consolo, palavras de gratidão, de cura, de amor verdadeiro.

Na porta do quarto de Kauê, agora transformado em um pequeno oratório, havia uma foto do jovem sorrindo. E abaixo dela, uma plaquinha com apenas uma palavra: *Pai.*

22
O MENINO E AS VOZES ESTRANHAS

Desde os doze anos, Wilson dizia que ouvia vozes. No começo, a mãe pensava ser imaginação infantil, talvez influência de filmes ou jogos. Mas as vozes não cessavam. Falavam quando ele estava sozinho, sussurravam enquanto dormia, gritavam em meio a silêncios.

Algumas ordenavam, outras choravam. Aos poucos, Wilson passou a se isolar. Sentava-se no chão do quarto, com as mãos nos ouvidos, tentando escapar de algo que os outros não percebiam.

Foi diagnosticado com esquizofrenia aos catorze anos. Internações, medicamentos, crises. Em uma das internações, gritou: – Eu sei que não estou louco! Eles estão aqui! Eles não vão me deixar em paz!

Os médicos reforçaram os antipsicóticos. A mãe, chamada repetidas vezes à escola e aos hospitais, já não sabia mais a quem recorrer.

Mas no fundo, ela acreditava no filho. Certa vez, o viu falando com alguém no corredor de casa, olhos fixos em um ponto vazio. Quando se aproximou, Wilson sussurrou: "Mãe, ela tá triste... Ela morreu faz tempo... E não sabe pra onde ir".

Os anos passaram com mais dor do que esperança. Aos dezessete, Wilson já não suportava o peso da existência. Em uma manhã fria, jogou-se de um viaduto. O mundo silenciou para ele. O mundo da mãe desmoronou junto.

No Plano Espiritual, a perturbação de Wilson era intensa. Sua mente, sensível e desorganizada, continuava a vibrar nos mesmos conflitos. Os espíritos que antes o atormentavam ainda estavam por perto. Alguns riam. Outros o acusavam. Eram sombras presas ao sofrimento, que se aproveitavam da mediunidade mal compreendida do rapaz.

Foi numa madrugada calma que Bezerra de Menezes visitou uma das instituições especializadas no acolhimento de médiuns em desequilíbrio. O local, construído em zonas de transição entre regiões densas e colônias de aprendizado, era um hospital espiritual voltado aos que haviam sucumbido à dor por não entenderem suas faculdades.

Bezerra entrou em um dos pavilhões mais silenciosos, onde jovens com histórico de transtornos mentais estavam sendo tratados por equipes especializadas. Ali, os quadros emocionais, neurológicos e espirituais se entrelaçavam em complexa tapeçaria de sofrimento e sensibilidade.

Wilson estava deitado. Seu corpo espiritual parecia exausto. Ondas de pensamento negativo ainda envolviam sua aura. Ao seu lado, um instrutor de olhar calmo aplicava passes sutis, como quem pacifica um coração em guerra.

— Ele está despertando – disse o cuidador espiritual – Sua alma é sensível. Trouxe da última existência um débito com o uso indevido da mediunidade. Reencarnou com a tarefa de sensibilizar a própria família para temas espirituais. Mas os conflitos no lar abriram brechas para interferências obsessivas. E a dor venceu.

Bezerra se aproximou, tocando levemente a fronte do jovem. Wilson abriu os olhos. Assustado, recuou.

— Quem é você? Veio me julgar também?

— Não, filho, – disse Bezerra com voz serena – vim te dizer que ninguém está sozinho. E que o céu também tem lugar para os que escutam o invisível.

Wilson chorou como nunca chorara. Pela primeira vez desde a desencarnação, sentiu-se acolhido. Antes de sua partida prematura, ele já havia enfrentado duras rejeições dentro da própria casa. O pai, homem prático e distante, tinha dificuldade em aceitar o comportamento do filho. Dizia que era frescura, falta de surra, e que o garoto precisava de vergonha na cara.

A mãe tentava proteger, mas a pressão constante e o medo do desconhecido a faziam vacilar. Às vezes, em desespero, escondia os medicamentos, temendo os efeitos colaterais que tornavam o filho apático. Outras vezes, gritava, cansada...

O lar, que deveria ser refúgio, tornou-se campo de batalha emocional e espiritual. Wilson, cada vez mais frágil, passou a escrever em cadernos antigos. Rabiscava símbolos, palavras que ninguém compreendia. "Eles estão me chamando, – escreveu certa vez – dizem que tenho que ajudá-los. Mas eu não sei como".

Após o suicídio, o silêncio invadiu a casa. O pai mergulhou no álcool e na culpa. A mãe passou a andar pela casa como um fantasma, com o retrato do filho entre as mãos. Às vezes, o chamava em voz alta, outras – de joelhos – pedia perdão por não o ter entendido.

Naquela mesma noite do encontro entre Wilson e Bezerra no Plano Espiritual, no Plano Físico, sua mãe adormeceu em meio a lágrimas. Era a primeira vez que dormia após dias sem conseguir repousar. E, em desdobramento espiritual, foi amparada por Fabiana, a mãe de Bezerra.

— Vem, filha. Deus ouviu seu clamor.

Com carinho ela foi conduzida até a instituição espiritual. Assim que chegou foi orientada e preparada para encontrar o filho. Em um local ajardinado reconheceu o filho à distância. Profundamente emocionada chamou por ele. Wilson correu, abraçando-a com força.

— Mãe... Você ainda acredita em mim?

— Sempre acreditei, meu filho... Só não sabia como te ajudar.

Bezerra os observava, comovido. Após o reencontro, reuniu-se com a mãe em uma sala reservada da instituição. Sentaram-se juntos, e ele falou com carinho:

— Seu filho é médium. Sempre foi. O que os homens chamam de esquizofrenia nem sempre é apenas desequilíbrio da mente. Em muitos casos, é sensibilidade espiritual sem orientação, aliada a conflitos emocionais. Wilson escutava vozes que outros não ouviam porque era chamado a trabalhar no bem. Mas os ruídos e as dores do mundo abafaram esse chamado.

Ela, com os olhos cheios d'água, perguntou:

— Então, ele não estava perdido?

— Nenhum dos filhos de Deus está. Seu filho será tratado, educado e, quando possível, reencarnará com melhores condições para servir. Mas é preciso que compreendam, no mundo, que a mediunidade existe também entre os jovens. E que os lares em conflito se tornam portas abertas para espíritos obsessores.

Bezerra prosseguiu:

— O maior antídoto contra a obsessão é o amor. O diálogo em casa, a escuta, a oração em família. A adolescência é uma fase delicada, onde os jovens estão entre mundos: o da infância que se despede, e o da vida adulta que assusta. Nesse limiar, a mediunidade aflora em muitos médiuns sem preparo emocional para lidar com suas faculdades. E os obsessores, sempre atentos, semeiam o desespero onde deveria haver a paz das mãos dedicadas ao bem.

No hospital espiritual onde Wilson estava acolhido, as instalações tinham aroma de esperança. Jardins silenciosos permitiam o repouso das mentes perturbadas. Em alguns pavilhões, ouvia-se música suave e orações conduzidas por benfeitores. Espíritos de jovens com histórico semelhante ao de Wilson participavam de terapias espirituais com arte, narração de histórias e música.

No retorno ao corpo físico, ela despertou pela primeira vez sem lágrimas de desespero, mas com a sensação de saudade e fé. Levantou-se, abriu a janela, e deixou a luz do sol entrar. Dias depois, buscou um Centro Espírita. Pediu orientação. Leu livros. Conheceu outras mães. Começou a estudar a mediunidade e, com o tempo, passou a trabalhar no acolhimento de jovens sensitivos.

Bezerra, em uma de suas reflexões na colônia espiritual, comentou em suas orientações:

> *Enquanto não reconhecermos a mediunidade como expressão natural da alma, continuaremos diagnosticando o invisível com os olhos do medo. O jovem sensitivo não é louco. É porta-voz de Planos sutis, clamando por entendimento. Se os adultos não forem ponte serão abismo. O suicídio é o grito mudo de quem pode não ter encontrado escuta. Que nossas casas se tornem lares de acolhimento e amor. Que a juventude seja nutrida com ternura, conhecimento e Evangelho.*

23 A SEMEADORA DE CORAÇÕES

Ela chegou à colônia espiritual silenciosamente, como quem não queria interromper o serviço dos outros. Seu corpo espiritual ainda trazia as marcas discretas da enfermidade degenerativa que enfrentara com bravura.

O nome terreno era Sheila, mas ali, no Plano da alma, era conhecida como a *semeadora de corações*.

Desde muito jovem, dedicou-se à evangelização infantil com entusiasmo e amor. Seus olhos brilhavam ao falar sobre Jesus para os pequenos, e seu coração se expandia a cada música, a cada história contada com ternura. Evangelizar era o oxigênio da sua vida.

Era também esposa dedicada, mãe presente, amiga fiel. Sua existência fora marcada por renúncias silenciosas e gestos constantes de carinho. Mesmo nos momentos mais dolorosos da doença, nunca deixou de pensar nos outros. Foi para muitos um abrigo.

Sua desencarnação gerou profunda tristeza em todos que a conheciam. O esposo, embora fosse um homem de fé, mergulhou em melancolia. Os filhos, ainda adolescentes, lutavam para entender por que Deus levara tão cedo uma mãe tão amorosa.

No Centro Espírita, as crianças perguntavam se "tia Sheila" havia virado uma estrela. Algumas choravam em silêncio. Outras passaram a se recusar a cantar as músicas da evangelização sem ela.

Sheila, no entanto, despertou no Mundo Espiritual em paz. Envolta por espíritos amigos, foi conduzida a uma colônia de repouso e refazimento. A beleza do lugar era suave como seus gestos: jardins silenciosos, crianças espirituais sorrindo, espíritos benfeitores em constante atividade. Mas seu coração permanecia em prece. Sua alma, mesmo serena, rogava auxílio.

Senhor, cuida dos meus filhos, – orava em uma tarde de brisa morna – "dos que nasceram do meu ventre e dos que nasceram do meu coração na evangelização. Protege meu esposo, que ficou em sofrimento. Usa-me ainda, se possível, para servir. Onde houver uma criança com medo, permita-me acalentar. Onde houver um coração sofrendo, deixa-me consolar".

Durante os últimos meses na Terra, mesmo com o corpo cada vez mais frágil e os movimentos lentos, Sheila não deixou de trabalhar espiritualmente. Recordava-se da salinha das crianças com suas almofadas coloridas, sorria com ternura e, entre pausas para recuperar o fôlego, rememorava as passagens da vida de Jesus tantas vezes narradas aos pequeninos, como se estivessem acontecendo ali, diante dos olhos infantis.

Ela falava com tanto amor que os pequenos, mesmo sem compreender tudo, sentiam-se tocados. Uma de suas últimas aulas foi sobre o bom samaritano. Mal sabia ela que, em breve, também seria recolhida pela bondade do Alto.

O esposo era um homem simples, trabalhador. A fé dele era ativa, comprometida, também sustentada pelas orações da esposa. Quando ela adoeceu gravemente, ele experimentou profundo desalento. Quando ela desencarnou, aturdiu-se. Não conseguia consolar os filhos, nem a si mesmo.

Passava as noites acordado, olhando para a porta, como se ela ainda fosse entrar carregando algum livro infantil e dizendo: "Vamos orar?"

Os filhos estavam na adolescência. Mas, recordavam-se da infância. Sentiam falta das mãos que penteavam os cabelos antes da escola, do abraço que acolhia os medos noturnos, da oração que os fazia dormir em paz. A menina parou de cantar. O menino passou a se isolar. A ausência da mãe parecia transformar a casa em silêncio.

Foi nesse cenário que ela, na colônia espiritual, passou a orar com mais fervor. Em suas preces, dizia:

— Senhor, se não posso mais abraçá-los com os braços do corpo, que eu os abrace com a prece. Se não posso mais lhes cantar, que a brisa leve minha voz em forma de intuição. Que o amor que dediquei a Ti, servindo aos Teus pequeninos, volte agora para os meus próprios filhos...

Enquanto orava, um perfume doce inundou o ambiente. Ela abriu os olhos e viu, diante de si, uma mulher de beleza terna, trajando vestes claras como nuvens. Era Meimei, a doce mensageira das almas infantis. Ela se aproximou sorrindo, com um olhar que parecia cantar uma canção de ninar.

— *Sheila, filha do amor* – disse Meimei, com voz melodiosa – *tua prece tocou os céus. Venho trazer-te o recado da Vida: as crianças que ensinaste sobre Jesus continuam a caminhar. E, quando o pranto tenta vencê-las, minha presença as envolve em carinho. A música que cantavas chega a elas como brisa... E o nome de Jesus ainda vibra em seus corações. Tu plantaste sementes do Evangelho.*

Sheila chorou, não de tristeza, mas de comoção profunda.

— *Obrigada... Obrigada por não as deixar sozinhas.*

— *Nunca estão sozinhos os que aprendem a amar.*

Antes que ela pudesse responder, uma nova presença se fez notar. Uma senhora de expressão nobre e olhar materno se aproximou. Era Fabiana Cavalcanti, mãe de Bezerra de Menezes. Ela se inclinou, com doçura firme, e falou:

— *Filha, conheço o vazio que se instala quando os filhos ainda pequenos perdem a referência do lar. Sei o peso de uma ausência que parece eterna. Mas os teus filhos serão assistidos. Estou com eles. Estarás em paz sabendo que uma mãe os acolhe enquanto tu não podes. Deus conhece os fios que unem os corações e nunca abandona os lares que buscam luz.*

Sheila levou as mãos ao peito e murmurou:

— *Eu os amo tanto... Queria poder tê-los abraçado mais uma vez.*

— E os abraçarás, filha – completou Fabiana – o tempo do reencontro virá. Mas por ora, fortalece-te. Ainda há tanto a fazer...

Por fim, um terceiro espírito se aproximou. Era Bezerra de Menezes, envolto em uma luz serena. Sua voz chegou como bálsamo, trazendo esperança:

— Sheila, filha de Deus, tua súplica chegou a mim. E vim para dizer-te: para todos os teus filhos, consanguíneos ou do coração, Deus tem um céu de paz e amor. O céu começa no gesto de carinho, no ensinamento do bem, na paciência com a dor. E tu construíste muitos céus nos corações que tocaste. Eu mesmo assistirei teu esposo. Ele passará por duras lições, mas sairá fortalecido. Tua vida foi oração viva, tua desencarnação, testemunho. Agora, descansa... E prepara-te.

Sheila, tomada de gratidão, ajoelhou-se espiritualmente. Meimei se aproximou e a ergueu com delicadeza.

— Quando estiveres fortalecida – disse a benfeitora – virás trabalhar conosco. Há muitas escolas no mundo que precisam de evangelizadoras. Muitos professores cansados, que precisam de intuição. Muitas crianças ansiosas por sonhos em que reencontrem sua tia Sheila.

Fabiana a abraçou, e Bezerra concluiu:

— Aqueles que ensinam o amor são sementes nos Planos do espírito. Não morrem: florescem em outros campos.

Sheila sorriu em meio às lágrimas. Pela primeira vez, desde sua chegada, sentiu-se completamente em casa. O céu não era um lugar... Era serviço continuado no amor. E ela estava pronta para semear mais uma vez.

Naquela noite, quando Sheila repousava, ouviu cânticos ao longe. Eram as crianças da colônia vizinha cantando uma das músicas que ela tanto ensinara na Terra.

Sua alma vibrou. Pela primeira vez desde sua desencarnação, ela adormeceu sorrindo, sonhando com os braços estendidos a centenas de corações infantis.

Porque para os que amam verdadeiramente, o serviço nunca termina, ele apenas se transforma. E no céu dos pequenos, Sheila reencontrou a si mesma.

24

OS TEMPOS EXIGEM PRESSA

O grande auditório iluminava-se suavemente com a luz serena que parecia nascer dos próprios corações presentes. Era uma noite de assembleia especial na Colônia da Educação, uma das regiões espirituais destinadas ao trabalho com a infância e juventude desencarnadas e ao amparo de evangelizadores ainda encarnados.

Espíritos educadores, mentores de evangelização e pais desencarnados que haviam se dedicado à infância reuniam-se, formando um círculo harmonioso e cheio de esperança.

No centro da assembleia, com ternura no olhar e a autoridade dos que servem com amor, estava Meimei. Seu semblante doce irradiava acolhimento. Ao seu lado, Fabiana Cavalcanti, em postura nobre, representava a maternidade elevada. Bezerra de Menezes, com sua luz serena e envolvente, observava atento.

Nas primeiras fileiras, estavam educadores como Eurípedes Barsanulfo, Cairbar Schutel, Walter de Oliveira e o venerando Léon Denis, cuja presença enchia o ambiente de profunda reflexão.

O encontro era solene. Havia uma urgência silenciosa vibrando no ar, pois se tratava de um momento de convocação. Uma convocação às almas comprometidas com a tarefa de iluminar consciências infantis.

Meimei tomou a palavra com voz de melodia firme:

— *Irmãos e irmãs do coração, esta assembleia foi convocada porque os tempos exigem pressa. A infância da Terra está sendo atingida por ventos de desesperança. Ideologias que deturpam o amor, estímulos ao individualismo e à ilusão do prazer imediato têm afastado os pequenos do Evangelho do Cristo. Pais atordoados, educadores exaustos, crianças perdidas no labirinto das telas... É hora de levantar o estandarte da luz!*

Ela silenciou, como quem entrega o recado à eternidade. Então, Fabiana Cavalcanti adiantou-se:

— *Como mãe, rogo a todos os pais que redescubram a missão de educar com ternura e verdade. Não terceirizem o amor. Que as famílias deixem de lado o receio de evangelizar. Não é imposição de crença, é oferta de bússola! Nossos filhos precisam de direção, não de permissividade. Precisam de firmeza amorosa, não de abandono mascarado de liberdade.*

As palavras emocionaram os presentes. Espíritos amigos, ligados a Centros Espíritas da Terra, escutavam atentos, sentindo o apelo que chegava como brisa de consciência.

Bezerra de Menezes foi convidado a tomar a palavra. Sua presença enchia o ambiente de uma paz quase tangível:

— Filhos e filhas do coração, há muitos anos venho testemunhando o avanço das sombras nas mentes infantis. Crianças com tendências suicidas. Adolescentes dilacerados pela baixa autoestima, pela dependência química, pela desestruturação familiar. Estamos diante de um colapso silencioso que atinge o santuário da infância. E o remédio está ao alcance das mãos. Evangelizar não é atividade complementar: é o coração da Doutrina, é prevenção espiritual!

Fez uma pausa e, olhando para todos, concluiu:

— É preciso despertar os pais para o compromisso assumido antes da reencarnação. A paternidade e a maternidade são ministérios sagrados, e não cargos simbólicos. A evangelização começa no lar, e se estende aos grupos e centros como extensão da luz do Cristo.

Foi então que Léon Denis se levantou. Sua fronte veneranda e seu olhar límpido pareciam guardar o tempo em sabedoria. Quando ele falou, o silêncio era tão profundo que manifestando a sua condição evolutiva de ubiquidade, sua mensagem chegou a vários médiuns no Plano físico. Ele disse:

— Irmãos e irmãs da luz. A educação é a redenção da Humanidade. A evangelização infanto-juvenil é a esperança dos séculos vindouros. Um povo que despreza seus pequenos, destrói o futuro com as próprias mãos. Nunca foi tão urgente oferecer às crianças e jovens da Terra não apenas instrução, mas sobretudo, formação moral.

Pausou brevemente, como quem conecta o pensamento ao Alto, e continuou:

— Os desafios modernos são graves: a sexualização precoce, o culto ao ego, o desprezo pelas virtudes. As mídias sociais se tornaram altares do narcisismo e da vaidade. E o que temos feito, senão ceder à desculpa de que 'é da época'? Mas o espírito não tem época! A alma humana é imortal e clama por princípios. Nossos jovens não querem permissividade; eles desejam segurança. Querem limites que protejam, não cárceres que punam.

Léon Denis então se ergueu um pouco mais e falou com vigor:

— O respeito à vida deve ser o primeiro ensino. Respeito ao próprio corpo, ao corpo alheio, às diferenças, às culturas, aos diversos caminhos sinceros que levam a Deus. Que a criança aprenda a servir, a amar, a pensar por si mesma sob a luz da verdade. Que conheça a lei da reencarnação, para que compreenda que todo ato tem consequência. Que respeite a família, qualquer que seja sua forma, desde que baseada no amor. Que aprenda a orar, a meditar, a silenciar, a ouvir. O mundo moderno oferece fantasias embaladas como felicidade. Ofereçamos o Cristo, que é a verdade viva. Ofereçamos ética, valores, espiritualidade prática. Uma geração educada no bem pode impedir guerras. Uma geração evangelizada pode salvar o planeta!

Ao terminar, a emoção estampava-se na face de muitos ali presentes. O ambiente estava tomado por vibrações de esperança. Educadores espirituais se aproximavam de suas equipes, prontos para inspirar casas espíritas e lares humanos.

Meimei voltou a falar:

— *Que cada lar se transforme em escola de almas. Que cada sala de evangelização seja um porto seguro. E que cada coração, adulto ou criança, reencontre em Jesus o verdadeiro sentido da existência.*

Bezerra de Menezes encerrou a assembleia com uma prece profunda:

Senhor da vida, concede-nos a coragem de amar as crianças como Tu as amas. Que nossas mãos, ainda frágeis, se tornem instrumentos de luz na construção de um novo tempo. Ajuda-nos a despertar os pais, consolar os mestres e acolher os pequeninos em Teu nome. Assim seja.

Durante a assembleia, foram também apresentados relatos de casas espíritas pequenas, quase invisíveis aos olhos do mundo, onde evangelizadores trabalhavam com duas ou três crianças apenas, mas com um amor imenso.

Um desses relatos emocionou a todos: uma senhora idosa, em cidade do interior do Brasil, que mesmo sem forças físicas reunia os vizinhos para contar histórias de Jesus às crianças do bairro. Ela não sabia que, a cada encontro, dezenas de espíritos iluminados se uniam a ela para multiplicar sua luz.

Foi então que Walter de Oliveira com sua simplicidade e segurança se pronunciou, serenamente:

— A evangelização é a vacina espiritual da Humanidade. Quando ensinamos o amor ao Cristo na infância, formamos almas resilientes. O Evangelho não apenas consola, ele estrutura. Uma criança que aprende a amar o próximo é um adulto que evitará muitos sofrimentos. E mesmo que venha a cair, terá em seu íntimo o mapa da volta.

A plateia se emocionou. Espíritos jovens que futuramente reencarnariam como educadores tomavam nota para seus estudos com toda atenção. Cada palavra falada naquela assembleia não seria perdida. Como sementes, repousariam no solo dos tempos, germinando no momento certo.

Eurípedes Barsanulfo finalizou com voz grave:

— Não deixemos que as sombras eduquem por nós. O bem precisa ser proativo, audacioso, presente. Não esperemos a dor para agir. Evangelizemos agora. Antes que as feridas se instalem.

Na vibração coletiva que se formou, os espíritos presentes uniram-se em prece. Era uma assembleia, mas também um culto de amor. As vibrações foram canalizadas à Terra como luzes a banhar escolas, lares, salas de evangelização, orfanatos, favelas e abrigos.

Naquela noite, muitos corações adormeceram mais leves sem saber por quê. Mas no Alto, sabiam: uma grande mobilização espiritual havia começado, e o Céu inteiro estava envolvido no projeto de salvar as novas gerações com o Evangelho vivo do Cristo.

UM CÉU PARA TEU FILHO

Na bruma suave de uma madrugada, em uma colônia onde os corações em sofrimento buscavam alento, ergueu-se a figura serena de Bezerra de Menezes.

Cercado por mães desencarnadas, espíritos que haviam reencontrado seus filhos e outros que ainda esperavam pelo reencontro, ele falou não apenas àqueles presentes, mas aos lares da Terra, aos templos, aos hospitais, às casas silenciosas onde o luto ainda dorme no travesseiro dos que choram a ausência dos seus.

Sua voz, sempre terna e firme, ecoava como um sopro de esperança no âmago da alma:

— A todos vós, mães, pais, filhos e filhas da alma, eu peço: apaziguem os vossos corações. A dor da separação pode parecer insuportável, mas é apenas um hiato na imortalidade. Ninguém perde um filho, ninguém se separa de um amor verdadeiro. A vida continua, e o reencontro está garantido àqueles que amam.

Fez-se um silêncio respeitoso. E ele prosseguiu:

— Durante toda essa jornada, estivemos juntos, coração a coração, em cada rogativa que subiu aos Céus, em cada lágrima que não foi vista, mas sentida pelo Alto. E posso vos afirmar, com a certeza que vem da vivência espiritual: para todos os filhos de Deus há um céu. Um céu que não está pronto, mas que vai sendo erigido pelas escolhas, pelas renúncias, pelos gestos de amor realizados na Terra.

— Não vos perturbeis com as interpretações religiosas que falam de castigos eternos. Não vos aflijais com os discursos teológicos que negam redenção àqueles que tombaram. Lembrai-vos das palavras do Cristo: "Nenhuma das ovelhas que meu Pai me confiou se perderá." Nenhuma. Nenhum suicida, nenhum dependente químico, nenhuma criança em desatino, nenhum filho das sombras ficará para sempre na escuridão. O Pastor conhece suas ovelhas, e Ele não as abandonará no vale da dor.

— Jesus não veio para condenar o mundo – prosseguiu Bezerra com doçura – mas para que o mundo fosse salvo por Ele. A cada alma que retorna ao Plano Espiritual carregando culpas e feridas, Ele oferece o remédio da compaixão. A cada mãe e pai que chora a ausência do filho, Ele envia mensageiros para consolar. A cada lar em luto, Ele envia o sopro da esperança.

Nesse instante, imagens mentais começaram a surgir no auditório: pais abraçando filhos, jovens amparados, mães orando em silêncio, espíritos socorridos em regiões de dor. Cada cena era como uma parábola viva da promessa divina.

Bezerra olhou para o Alto e prosseguiu:

— O céu não é um lugar de privilégios, é uma conquista do coração. Ele começa quando perdoamos, quando amamos, quando esperamos com fé. E para os filhos que retornaram antes do tempo, saibam: eles não estão perdidos. Estão aprendendo. Estão sendo cuidados. Estão, acima de tudo, sendo amados.

Com os olhos marejados, ele prosseguiu:

— Que cada coração materno receba, hoje, um sopro de consolo. Que cada pai, ainda reticente, encontre no Evangelho a força para transformar a dor em renovação. E que cada filho ausente receba as vibrações de amor que o seguem, onde quer que esteja.

Meimei, Fabiana, Léon Denis, Eurípedes, Walter... Todos os espíritos presentes estavam com as mãos estendidas em prece silenciosa.

Bezerra de Menezes encerrou:

— Para todos os filhos de Deus, há um céu. O céu da consciência em paz. O céu da reconciliação. O céu da compaixão divina. Um céu que começa no coração de cada mãe que ora, de cada pai que perdoa, de cada filho que retorna. Que Jesus nos abençoe.

A seguir, dirigiu-se a você:

Ao fechar este livro, você, leitor ou leitora dessas experiências espirituais, espero que tenha aberto dentro de si a certeza de que o amor não morre. Ele apenas muda de forma. E nos reencontraremos todos, quando for chegada a hora. No céu do reencontro. No céu que o amor constrói. No céu para o seu filho.

Seja qual for o nome que a religião terrestre lhe dê, Paraíso, Esferas Superiores, Reino dos Céus, Colônia de Luz, o que importa é que ele é real. E não é um privilégio dos santos, mas a morada futura de todos os espíritos que, mesmo em queda, desejam se reerguer.

Há mães que se culparam pela forma como criaram seus filhos. Pais que se martirizaram por não verem os sinais. Familiares que se perderam em julgamentos, ignorando as batalhas silenciosas travadas no íntimo dos que amavam. A todos esses, o Cristo estende os braços e diz: Vinde a mim todos vós que estais cansados e sobrecarregados, e eu vos aliviarei. (Mateus 11:28)

Sim, o céu existe. E mais do que isso: ele começa agora, com o perdão que se oferece, com a lembrança doce que substitui o desespero, com a certeza de que ninguém está perdido para sempre.

Muitos dos filhos retratados nestas páginas estão, neste instante, iniciando novas fases em sua trajetória espiritual. Alguns retornando à carne para novos aprendizados; outros, ainda, sendo preparados para servir na Espiritualidade, como amparadores de novos corações em dor. E os pais, por sua vez, permanecem conectados por laços invisíveis e sagrados.

Deus é Pai. E sendo Pai, jamais permitiria que qualquer de seus filhos se perdesse nas sombras sem ter a mão de um emissário do Cristo a lhe indicar o caminho de volta. E se em algum momento a dúvida ainda ousar rondar vossa fé, lembrai-vos das estrelas. Elas não brilham para si mesmas, mas para guiar o viajante na escuridão. Assim também é o amor que permanece após a morte: não se apaga, não se perde, apenas orienta o reencontro.

Os filhos que partiram não são inalcançáveis. Estão à distância de um pensamento, de uma prece sentida, de um gesto de bondade realizado em nome deles. Eles acompanham os passos de quem ficou, inspiram os dias difíceis, vibram nas conquistas silenciosas e se emocionam com os pequenos atos de amor.

Quando ajudardes outra criança, outro jovem, quando abraçardes alguém em sofrimento, quando sorrirdes apesar da dor, estareis construindo o céu em vossos próprios corações. E o vosso filho ou filha, onde estiver, saberá: meu pai, minha mãe, ainda me ama. E o amor constrói pontes entre mundos.

O livro se encerra, mas a jornada continua. Cada história aqui narrada é uma semente de luz. Que floresçam em tua alma, filho, filha, o consolo, a fé e a certeza de que o amor é eterno. Não há morte. Há transformação. E não há fim; há reencontro.

Seguiremos agora em outra direção. Ainda há outras mães, outros filhos e filhas, outras histórias esperando por consolo. Mas não podemos encerrar nossas palavras sem dizer ao coração amigo, quem sabe, emocionado diante destas páginas:

Se você também tem um filho, uma filha, que partiu, e sente que ele ou ela se foi em dor, não desista da oração. Não abandone a esperança. Cada prece é um raio de luz que corta as sombras. E onde houver uma mãe orando, haverá sempre um Céu se abrindo no coração de Deus.

Jesus, que veio ao mundo não para condenar, mas para dar vida abundante, nos espera com os braços abertos. E como Ele mesmo disse: Na casa de meu Pai há muitas moradas. E uma dessas moradas, um desses céus, é para o teu filho, tua filha, e também para ti.

Que assim seja!

Do servidor de todos...

Bezerra de Menezes

Vossos jovens profetizarão

Adeilson Salles pelos espíritos Luiz Sérgio e Yvonne do Amaral Pereira

Os espíritos Luiz Sérgio e Yvonne do Amaral Pereira narram situações emocionantes e de profundo aprendizado, no auxílio a espíritos de jovens que se suicidaram e daqueles que pensam em se suicidar.

O gladiador e a última carta do Apóstolo Paulo

Adeilson Salles inspirado pelo espírito Humberto de Campos

Após a morte do apóstolo Paulo de Tarso pelos soldados romanos, cristãos encontram em sua túnica um pergaminho que vai desafiar um jovem gladiador a viver sua maior batalha, a fim de entregar a última carta de Paulo para seu filho espiritual, Timóteo.

intelítera
editora

Intelítera Editora
Rua Lucrécia Maciel, 39 - Vila Guarani
CEP 04314-130 - São Paulo - SP
(11) 2369-5377 - (11) 93235-5505
intelitera.com.br
facebook.com/intelitera
instagram.com/intelitera

Os papéis utilizados foram Chambril Avena 80g/m² para o miolo e Cartão Eagle Plus High Bulk 250g/m² para a capa. O texto principal foi composto com a Chaparral Pro 12,5/17 e os títulos com a fonte Aptly 30/35.

Editores
Luiz Saegusa e Claudia Zaneti Saegusa

Direção Editorial
Claudia Zaneti Saegusa

Capa
Casa de Ideias

Projeto Gráfico e Diagramação
Casa de Ideias

Revisão
Fátima Salvo

Finalização
Mauro Bufano

Impressão
Lis Gráfica e Editora

1ª Edição
2025

O autor cedeu os direitos autorais deste livro para a Casa Espírita Maria Modesto Cravo, de Guarujá, para aquisição de um novo espaço para a Evangelização Infantojuvenil.
Rua das Cravinas, 187 - Jardim Primavera - Guarujá - SP
www.facebook.com/mariamodestocravoguaruja

Um céu para meu filho

Dados Internacionais de Catalogação na Publicação (CIP)
(Câmara Brasileira do Livro, SP, Brasil)

Salles, Adeilson Silva
Um céu para meu filho / Adeilson Silva Salles -- São Paulo : Intelítera Editora, 2025.

ISBN: 978-65-5679-081-7

1. Crescimento Espiritual 2. Espiritismo 3. Espiritualidade 4. Psicografia I. Título.

25-304903.0 **CDD-133.93**

Índices para catálogo sistemático:
1. Psicografia : Espiritismo 133.93
Eliane de Freitas Leite - Bibliotecária - CRB 8/8415

Para receber informações sobre nossos lançamentos, títulos e autores, bem como enviar seus comentários, utilize nossas mídias:

intelitera.com.br
atendimento@intelitera.com.br
youtube.com/inteliteraeditora
instagram.com/intelitera
facebook.com/intelitera

Redes sociais do autor:

youtube.com/Adeilson Salles
instagram.com/adeilsonsallesescritor
facebook.com/adeilson.salles.94

Esta edição foi impressa pela Lis Gráfica e Editora no formato 140 x 210mm. Os papéis utilizados foram Chambril Avena 80g/m² para o miolo e Cartão Eagle Plus High Bulk 250g/m² para a capa. O texto principal foi composto com a fonte Chaparral Pro 12,5/17 e os títulos com a fonte Aptly 30/35.